BURKHARD WEHNER

NATIONALSTAAT, SOLIDARSTAAT, EFFIZIENZSTAAT

BURKHARD WEHNER

NATIONALSTAAT
SOLIDARSTAAT
EFFIZIENZSTAAT

Neue Staatsgrenzen für neue Staatstypen

WISSENSCHAFTLICHE BUCHGESELLSCHAFT
DARMSTADT

Einbandgestaltung: Neil McBeath, Stuttgart.

Bestellnummer 12016-7

Gedruckt auf säurefreiem und alterungsbeständigem Werkdruckpapier
Gesamtherstellung: Wissenschaftliche Buchgesellschaft, Darmstadt
Printed in Germany
Schrift: Times, 9.5/11

INHALT

VORWORT: EIN NEUER UMGANG MIT DER POLITISCHEN LANDKARTE

Der Zusammenbruch der sozialistischen Staatengebilde hat nicht die Ansätze zu einer übersichtlichen Weltordnung entstehen lassen, die viele anfänglich erhofft hatten. Auch die außenpolitischen Interventionsstrategien der westlichen Demokratien in Krisenfällen wie Jugoslawien haben – wie zuvor der Golfkrieg – bisher keine nennenswerten Fortschritte in Richtung auf eine solche Ordnung gebracht. Nachdem sich schon die Umstellung von der sozialistischen auf die westliche Wirtschaftsordnung als unerwartet schwierig erwiesen hat, steht die Staatengemeinschaft nun in der zwischenstaatlichen und innerstaatlichen Friedenssicherung vor ebenso unerwarteten Komplikationen. Noch zeichnen sich keine brauchbaren Antworten auf die Frage ab, wie eine zeitgemäße europäische – oder gar globale – Friedensordnung in der neuen, postsozialistischen Ära zu gestalten ist, wie in dieser Ordnung demokratisch respektierte Staatsgrenzen zu bestimmen sind und welche Staatsgrenzen die Stabilität einer künftigen Friedensordnung gewährleisten würden. Statt dessen ist eine Zersplitterung der postsozialistischen Staatenwelt und damit eine ungewohnte, zum Teil beunruhigende Unordnung in den zwischenstaatlichen Beziehungen eingetreten. Bestand und territoriale Grenzen alter und neuer Staaten sind in einem zuvor ungeahnten Ausmaß umstritten. Die anfängliche Begeisterung über die gewonnene Demokratie hat in Teilen Osteuropas einem bedenklichen nationalistischen und separatistischen Überschwang Platz gemacht.

Hierin liegt eine neue Herausforderung für den zwischenstaatlichen Umgang mit dem Problem der Staatsgrenze. Nach der innenpolitischen Annäherung an das Demokratiemodell der Ersten Welt suchen die postsozialistischen Staaten nunmehr auch in dieser Frage Anlehnung an westliche Verfahren. Aber auch hierbei zeigen die Modelle der Ersten Welt in der Anwendung auf die ehemalige Zweite unerwartete Schwächen. Die sozioökonomische Krise

Osteuropas wird von zwischenstaatlichen Konflikten begleitet, für deren Lösung der Westen offensichtlich keine adäquaten politischen Instrumente bereitstellen kann.

Zugleich wächst auch außerhalb der postsozialistischen Welt die Bereitschaft, bestehende Staatsgrenzen oder gar Staaten in Frage zu stellen. Politischer Separatismus und Irredentismus werden vielerorts mit größerer Unbefangenheit vertreten, und der Nutzen der politischen Integration in Westeuropa wird mit neuer Skepsis hinterfragt. Die internationale Ordnung steht damit vor neuen Bewährungsproben, auf die das bestehende politische Institutionengefüge nicht eingestellt ist. Die zwischenstaatlichen Beziehungen erscheinen komplizierter denn je, und deren konfliktfreie Beherrschung scheint keineswegs selbstverständlicher geworden zu sein.

In den zurückliegenden Jahrzehnten hatte die Friedensordnung insbesondere in Europa auf einem Gleichgewicht der Abschreckungspotentiale beruht. Dem Erhalt dieses Gleichgewichtes diente es, die Staatsgrenzen sowohl zwischen den beteiligten Machtblöcken als auch innerhalb dieser Blöcke unangetastet zu lassen. Mit dem Abbau der ideologischen Ost-West-Konfrontation verlor diese Art von Friedensordnung schlagartig ihre politische Verbindlichkeit. Der Zerfall der Sowjetunion und das Auseinanderbrechen Jugoslawiens führten jedermann vor Augen, daß das Ende der globalen ideologischen Konfrontation gleichzeitig das Ende einer Erstarrung der politischen Landkarte war. Sehr plötzlich erwachte das Bewußtsein, daß die in der Nachkriegsordnung unangetastet gebliebenen Staatsgrenzen Ergebnis vieler historischer Zufälle und Gewaltakte waren. Im Osten trat die staatsbürgerliche Identifikation aus dem Schatten der ideologischen Bevormundung heraus und ließ sich alsbald von spontaneren, zumeist patriotisch-nationalistischen Motiven leiten. Die Überwindung der Kriegsängste ermöglichte auch im demokratischen Westen einen weniger beklommenen Umgang mit Änderungswünschen an die politische Landkarte. Das stillschweigende Gebot, bestehende Staatsgrenzen als unantastbares Erbe der jüngeren Geschichte zu respektieren, verlor zusehends an politischer Überzeugungskraft. Auch auf die Dritte Welt hat dieser Bewußtseinsumschwung bereits auszustrahlen begonnen.

Diese Entwicklungen lassen die Neuordnung der politischen Landkarte weltweit zu einer der großen politischen Zukunftsaufgaben werden. Viele Staatsgrenzen werden neu zu ziehen und über den Zusammenhalt mancher bestehender Staaten wird in absehbarer Zeit neu zu befinden sein. Man muß damit rechnen, daß sich hieraus langfristig eine wesentlich veränderte geographische Struktur von Staatsgebilden ergeben wird.

Die politischen Anforderungen eines solchen politischen Wandlungsprozesses sind von denjenigen der früheren internationalen Friedenssicherung grundverschieden. Die einfachen Konfliktmuster und entsprechend einfachen Lösungsstrategien, die in der früheren bipolaren Staatenwelt entstanden sind, haben jeden Geltungsanspruch verloren. Die künftigen zwischenstaatlichen Beziehungen werden andersartigen Belastungen ausgesetzt sein und andersartige Spannungen hervorbringen, als die internationale Politik sie im vergangenen halben Jahrhundert zu bewältigen hatte.

Damit werden alle jene mühsam erarbeiteten Denkkategorien, Institutionen und politischen Routinen obsolet, die bisher für geordnete und friedliche Beziehungen der Staaten zueinander sorgen sollten. Dies ist ein Wandel der politischen Rahmenbedingungen, der weder mit gelungenen Einzelaktionen amtierender Politiker noch auch mit einem Stilwechsel in der internationalen Politik bewältigt werden kann. Es macht vielmehr neuartige politische Verfahren notwendig, nach denen über die Staatszugehörigkeiten der Bürger – und damit über Staatsgrenzen und Staatsgrößen – künftig zu entscheiden sein wird.

Solche neuen Verfahren müssen ihrerseits auf einem kompetenten Urteil darüber beruhen, welche Motive und Kalküle die Wünsche an die politische Landkarte bestimmen. Es bedarf also einer theoretischen Klärung der Frage, woraus sich der Bürgerwille zu einer bestimmten Staatsgröße und Staatsgrenze entwickelt und welche Konflikte sich aus dieser Willensbildung ergeben können. Nur auf dieser Grundlage kann ein politisches Verfahren entworfen werden, das die Umgestaltung der politischen Landkarte auf demokratischem Wege fördert. Nur so kann dieses Verfahren auch zuverlässig auf einen friedlichen Verlauf künftiger Grenzkorrekturen ausgerichtet werden.

Zu dieser Aufgabenstellung wird im folgenden ein Lösungsweg skizziert, der von herkömmlichen Vorstellungen über zwischenstaatliche Beziehungen erheblich abweicht. Zunächst wird dargestellt, welche Interessen und Bedürfnisse des Bürgers in der Frage der Staatszugehörigkeit auf dem Spiele stehen, und es wird gezeigt, inwiefern die derzeitige politische Ordnung sich über diese Interessen hinwegsetzt. Dieser Ordnung wird dann ein neues Verfahren für den Umgang mit Staatsgrenzen und Staatszugehörigkeiten gegenübergestellt, das den Bürgerwillen unmittelbarer und konfliktfreier auf die politische Landkarte übertragen kann.

Einige Eigenschaften eines solchen Verfahrens sind so selbstverständlich, daß ein Konsens hierüber zumindest unter Demokraten a priori unterstellt werden kann. Die erste dieser Eigenschaften ist die politische und ökonomische Transparenz. Alle geschichtliche Erfahrung deutet darauf hin, daß gewaltsame Auseinandersetzungen um Staatsgrenzen immer wieder durch Fehleinschätzungen der Vor- und Nachteile provoziert wurden, die sich aus den angestrebten Grenzkorrekturen für die betreffenden Staaten ergaben. Im vorhinein falsch eingeschätzt wurden oft auch die Folgen der kriegerischen Einlassung auf das Grenzproblem. Um solchen Fehlern vorzubeugen, muß das politische Verfahren, das den Umgang mit der Staatsgrenze und Staatsgröße regelt, zunächst einmal für den Bürger durchschaubar und für den Politiker leicht anwendbar sein.

Als zweites muß dieses Verfahren den betroffenen Bürgern erlauben, ihre Interessen auf differenzierte Weise demokratisch zu artikulieren und auf möglichst unmittelbare Weise politisch umzusetzen. Die Bürger werden künftig mit wachsendem Selbstbewußtsein den Anspruch vertreten, nicht nur *innerhalb* der Staatsgrenzen, sondern auch *über* diese Staatsgrenzen politisch bestimmen zu dürfen. Auf diesen Anspruch werden die Staaten nicht nur ihre inneren politischen Entscheidungsprozesse, sondern auch die Verfahren des Umganges miteinander künftig präziser einstellen müssen.

Da aus dem demokratisch artikulierten Interesse an Staatsgrenzen und Staatszugehörigkeiten aber nicht immer eindeutige Lösungen hervorgehen, bedarf es drittens schließlich einer Ethik der zwischenstaatlichen Abgrenzung. Auf der Grundlage dieser Ethik müssen die Verfahrenswege bestimmt werden, nach denen im Falle mehrdeutiger demokratischer Interessenlagen die gemeinsame politische Lösung herbeizuführen ist. Insgesamt geht es also darum, eine sozioökonomische Theorie der demokratisch legitimierten Staatsgrenze darzustellen und ein zugehöriges, ethisch begründetes Entscheidungsverfahren zu entwickeln.

Der zeitgenössische politische Kontext, in den ein solches Entscheidungsverfahren einzupassen ist, ist äußerst heterogen. In einigen Weltregionen sind die Staatsgrenzen immer durchlässiger, die Lebensbedingungen benachbarter Staaten immer gleichförmiger, die kulturelle und sprachliche Durchmischung immer intensiver und gleichzeitig die kulturelle Selbstbestimmung von Minderheiten selbstverständlicher geworden. Zumindest für weite Teile Westeuropas und für Nordamerika dürfte diese Diagnose zutreffen. Der Verlauf von Staatsgrenzen verliert unter solchen Umständen viel von der Bedeutung, die ihm in der Politik bis in jüngste Zeit zugemessen werden mußte. Das Staatsgrenzenproblem verschwindet damit zwar nicht von der politischen Tagesordnung, es verliert aber an Konfliktträchtigkeit und wird der einvernehmlichen politischen Bewältigung zugänglicher.

Dem stehen aber in Osteuropa und anderen Weltregionen ganz andere Tendenzen gegenüber. Im ehemaligen Jugoslawien wurde zur Klärung der künftigen Staatsgrenzen mit beängstigender Selbstverständlichkeit auf kriegerische Mittel zurückgegriffen, und auch in Teilen der ehemaligen Sowjetunion trat in dieser Frage ein hohes Maß an Gewaltbereitschaft zutage. Gleichzeitig verdichtete sich unter den Bürgern wohlhabender Staaten das Interesse, die Grenzen zu weniger wohlhabenden Nachbarn undurchlässiger zu gestalten. Man darf sich also keineswegs auf eine Modernisierung des politischen Bewußtseins verlassen, die automatisch zu einer weltweit wachsenden Gelassenheit in der Staatsgrenzenfrage führen würde. Die künftigen zwischenstaatlichen Regeln in der Grenzfrage werden sich sehr differenzierten Sachverhalten und Interessenlagen gewachsen zeigen müssen.

Die Infragestellung bestehender Staatszugehörigkeiten durch den einzelnen Bürger erfolgt im allgemeinen auf zwei Bewußtseinsebenen. Zum einen kann sie ein rein affektiver Vorgang sein, in dem ein spontanes Entfremdungsgefühl gegenüber einem Staat oder Teilen seiner Bevölkerung zum Ausdruck kommt. Zum anderen kann sie Ausdruck eines nüchternen Interessenkalküls sein, in dem die materiellen Vor- und Nachteile alternativer Staatszugehörigkeiten abgewogen werden. Der Bürger befindet also einerseits emotional darüber, in welchem Staat er sich am besten aufgehoben fühlt. Andererseits versucht er, rational zu kalkulieren, welche Staatszugehörigkeit ihm den größten persönlichen Wohlstand verspricht. Es ist oft eine schwer entwirrbare Verbindung dieser beiden Motive, die den politischen Willen prägt. Um so wichtiger für die politische Analyse ist es aber, beide Motive im Blick zu behalten und ihnen die jeweils gebührende Bedeutung zuzumessen.

Das zeitgenössische politische Bewußtsein ist zunehmend von der Bereitschaft geprägt, sich sowohl zur emotionalen als auch zur rational-materiellen Präferenz einer bestimmten Staatszugehörigkeit zu bekennen. Dies gilt nicht nur für die postsozialistische Welt, sondern auch für die alten Demokratien. Das Ende der Nachkriegsära ist das Ende eines politischen Nachkriegsdenkens, das von einer Traumatisierung in der Frage der Staatsgrenzen geprägt war. Nach der Überwindung dieses Traumas muß über die Opportunität von Staatsgrenzen – und damit auch über die Legitimität separatistischer und irredentistischer Bestrebungen – auf ganz neue Weise befunden werden. Wo immer einzelne Bevölkerungsteile nach Unabhängigkeit streben oder zu einem anderen Staat überwechseln wollen, muß die politische Reaktion sensibler werden, als es in den zurückliegenden Jahrzehnten überwiegend der Fall gewesen ist. Dies betrifft auch etablierte Demokratien, deren Bevölkerung sich im Bedürfnis nach staatlicher Zusammengehörigkeit nicht mehr vollständig einig ist oder es niemals war. Es betrifft damit unter anderem Staaten wie Kanada, Spanien, Großbritannien, Frankreich und Italien. Es betrifft in noch stärkerem Maße die Türkei, Indien und andere demokratische Staaten der Dritten Welt, und es betrifft inzwischen auch einige der neuen Staaten Osteuropas wie Rußland und Moldawien. Überall dort wird man separatistische Bestrebungen nicht mehr leichthändig als Bedrohung einer demokratisch legitimierten Friedensordnung abtun können. Auch ein Land wie China wird von dieser Entwicklung sehr rasch eingeholt werden, sobald es sich demokratischen Prozeduren öffnet.

Die lange Zeit so festgefügt erscheinende Staatenstruktur wird künftig nicht mehr nur in historischen Ausnahmesituationen dem Wandel unterworfen sein. Gefragt ist vielmehr ein generelles Bekenntnis zur jederzeitigen Revidierbarkeit der gesamten politischen Landkarte. Es geht nicht mehr nur um einmalige und endgültige Bereinigungen, mit denen bestehende historische Altlasten dieser Landkarte ein für allemal ausgemerzt würden. Es geht um einen prinzipiell unabsehbaren, nicht mehr historisch begründbaren Anpassungsprozeß, für den die Staatengemeinschaft sich auf Dauer offenhalten muß. Aus der sogenannten Offenen Gesellschaft, die ihre Offenheit im wesentlichen innerhalb festgefügter Grenzen praktizierte, muß eine Gesellschaft werden, die auch zur demokratischen Revision ihrer Staatsgrenzen bereit ist, wann immer hierfür ein Bedürfnis besteht.

Eine solche Gesellschaft müßte sich in den politischen Institutionen und Entscheidungsverfahren von allem bisher Bestehenden beträchtlich unterscheiden. Die notwendigen Umgestaltungen wären von so grundsätzlicher Art, daß deren Darstellung zumindest streckenweise auf utopisches Terrain führt. Noch scheinen zwar wenige Beobachter der weltpolitischen Lage genügend Utopiebedarf zu verspüren, um sich ernsthaft mit dem Entwurf einer alternativen Staatenordnung auseinanderzusetzen. Noch sind auch die herkömmlichen Vorstellungen über innerstaatlichen Zusammenhalt und zwischenstaatliche Stabilisierung schwer aus der praktischen Politik wegzudenken. Der Ausbruchsversuch aus diesen Vorstellungen ist durch die Entwicklungen der vergangenen Jahre aber längst überfällig geworden.

Um Utopisches soll es im folgenden nicht etwa in dem Sinne gehen, daß über naturgegebene menschliche Unzulänglichkeiten im politischen Geschäft hinweggegangen würde. Es wird auch nicht darüber hinweggesehen, daß die politischen Institutionen im allgemeinen auf mittelmäßige Politiker angewiesen sind und sich unter deren Regime in schwierigen Situationen zu bewähren haben. Hinweggesehen wird nur über einige jener schwer überwindlichen Reformhindernisse, die die modernen demokratischen Staaten sich in ihrer bisherigen Geschichte selbst aufgebürdet haben. Diese Hindernisse könnten den Übergang von einer schlechteren auf eine bessere, demokratischere Staatsform allerdings auf absehbare Zeit vereiteln.

Wenn man diese Übergangsprobleme außer acht läßt, kann der folgende Text durchaus als pragmatische Anleitung für einen demokratischen Separatismus gelesen werden und ebenso als eine Anleitung für demokratischen Integrationismus und Irredentismus. Wenn er noch kein praktikables Handbuch für den demokratischen Wandel der politischen Landkarte ist, liefert er doch die Konstruktionsskizze für eine politische Ordnung, die diesen demokratischen Wandel wesentlich erleichtern würde. Damit stellt er auch einen Gegenentwurf zur Konzeption der Europäischen Union dar, die dem Vertrag von Maastricht zugrunde lag.

1. ÜBERLEBENSKAMPF, UNTERDRÜCKUNG UND DEMOKRATISCHER WETTBEWERB: ZUR GESCHICHTE DER STAATSGRENZENBILDUNG

Der Ur-Staat: Effizienzgemeinschaft, Solidargemeinschaft, Traditionsgemeinschaft und Identifikationsgemeinschaft

Es gibt nur wenige aktuelle Staatsgrenzen, die sich mit historischen Argumenten schlüssig rechtfertigen lassen. Dies gilt auch für jene Grenzen, die durch einen einvernehmlichen, kodifizierten Akt demokratischer Staatsführungen gezogen bzw. verschoben worden sind. Jeder solche Akt hat seinerseits eine komplexe, erklärungsbedürftige Vorgeschichte. Er hat vielfach auch eine verwikkelte Nachgeschichte, in der sich die Bedürfnis- und Entscheidungsgrundlagen zu dieser Frage beträchtlich gewandelt haben. Eine Entwicklungsgeschichte der Staatsgrenzen anhand historischen Materials zu skizzieren wäre ein dementsprechend uferloses Unterfangen. Wie sich aus Urhorden Stämme und aus Stämmen Nationen entwickelt haben, wie Nationen schließlich geographisch abgegrenzte Staaten gebildet haben, wie Staaten ihrerseits Nationen geformt und sich Nationen einverleibt haben, läßt sich kaum in einer kurzen geschichtlichen Synopse einfangen. Im folgenden soll daher nur ein grobes, idealtypisches Entwicklungsraster skizziert werden, das der wechselvollen Geschichte der Staatsgrenzen auf nützliche Weise unterlegt werden kann. Anhand dessen werden einige grundlegende Kriterien der Staatsgröße erkennbar, die auch für den zeitgenössischen Umgang mit Staatsgrenzen noch maßgeblich sein dürften.

Die Geschichte der Staatsgrenzenbildung ist gewiß alles andere als eine Geschichte rationaler, wohlreflektierter Bürgerentscheidungen. Anfänglich war sie eine Geschichte evolutionärer Anpassung menschlicher Gemeinschaften an die natürlichen Überlebensbedingungen. In der Frühgeschichte staatenähnlicher und staatlicher Gebilde gab es in der Frage der territorialen Ausdehnung des Staates wenig Entscheidungsspielraum. Es war im allgemeinen das schlichte Überlebensinteresse, das Stämmen und Völkern einen gewissen organisatorischen Zusammenhalt in relativ festen Grenzen auferlegte. In welcher Größe und in welchen Grenzen überlebensfähige Staatengebilde sich formierten, ergab sich aus landschaftlichen Gegebenheiten, aus den Gefährdungen durch benachbarte Staaten, aus der organisatorischen Begabung der Gemeinschaft und aus den technischen Möglichkeiten, die Einhaltung staatlicher Spielregeln über größere Entfernungen zu sichern. All diese Kriterien waren letzten Endes Kriterien der staatlichen Effizienz. Wenn die Grenzen des Staatsgebietes diesen Kriterien nicht entsprachen, war die Gemeinschaft nicht effizient genug, um ihre Lebensgrundlagen zu sichern, den innerstaatlichen Zusammenhalt zu gewährleisten oder sich äußerer Bedrohungen zu erwehren.

Die staatliche Gemeinschaft mußte also letztlich effizient sein, um sich als solche zu behaupten. Sie war in diesem Sinne zunächst einmal eine ***Effizienzgemeinschaft***, und ihre Größe richtete sich nach den jeweiligen Effizienzbedingungen der staatlichen Organisation. Die Effizienzgemeinschaft mußte adäquate Grenzen finden, in denen sie als militärische *Sicherheitsgemeinschaft* ihren Mitgliedern Schutz vor äußeren Gefahren bieten konnte. Sie mußte ihr Staatsgebiet außerdem so abgrenzen, daß sie darin als *Verwaltungsgemeinschaft* für einen effizienten Wirtschaftsverkehr und für genügend innere Sicherheit sorgen konnte. Wenn sich aus diesen beiden Effizienzaspekten, dem militärischen und dem zivilen, unterschiedliche Staatsgrößen ergaben, mußte hierzwischen ein geeigneter Kompromiß gefunden werden. Nur in Ausnahmefällen konnte die militärische Sicherheit von Nachbarstaaten geborgt bzw. erkauft werden und die Staatsgröße sich allein an der Verwaltungseffizienz orientieren. Schon die Frühgeschichte staatenähnlicher Gemeinschaften zeigt, daß sich auf diese Weise, je nach den natürlichen Bedingungen, menschlichen Fähigkeiten und technischen Möglichkeiten, sehr unterschiedliche Optimalgrößen für die Staatsgebiete ergaben.

Die ursprünglichen Staaten dürfen natürlich nicht ausschließlich als effizienzorientierte, Wohlstand und Wehrhaftigkeit optimierende Überlebensgemeinschaften gedeutet werden. Innerhalb dieser Gemeinschaften bestanden von Beginn an vielfältige Gemeinsamkeiten, die den Zusammenhalt auch auf anderen Ebenen begründeten. In der engen kommunikativen und organisatorischen Bindung im Innern und der wehrhaften Abgrenzung nach außen erwuchsen gemeinsame kulturelle Traditionen, und gleichzeitig festigten sich gemeinsame ethnische Merkmale. Sprache, Religion, Verhaltensrituale und anderes entwickelten und bewahrten innerhalb des abgegrenzten Staatsgebietes ihre Eigenständigkeiten. In der staatlichen Gemeinschaft, deren Größe und Grenzen von Effizienzkriterien vorgegeben waren, entstanden somit vielerlei emotionale Bindungen an gemeinsame Herkunft und Traditionen. Der Abgrenzungswille der Bürger nach außen wurde dadurch verselbständigt und verstärkt. Die Effizienzgemeinschaft wurde auf diese Weise zugleich ***Traditionsgemeinschaft***. Damit entstand ein nationales Anliegen, den Staat in seinen jeweiligen Grenzen zu erhalten, auch wenn dies nicht unbedingt effizient und überlebensnotwendig war. Die Gemeinschaft, die dieses Anliegen bewußt als öffentliche Aufgabe annimmt, kann auch als *Kulturgemeinschaft* bezeichnet werden. Sie ist, da zur Bewahrung und Vermittlung kultureller Traditionen öffentliche Bildungsinstitutionen notwendig sind, zugleich eine *Bildungsgemeinschaft*.

Dem Anliegen der Traditiongsgemeinschaft kam es entgegen, wenn der Staat Identifikationssymbole schuf, die den gemeinschaftlichen Zusammenhalt festigten. Öffentliche Zeremonielle, repräsentative Bauwerke und Institutionen, Flaggen, Hymnen und Führungspersönlichkeiten wurden die Objekte, die diese Funktion erfüllten. Auf der staatlichen Ebene wurde die spontan gewachsene Traditionsgemeinschaft daher im allgemeinen durch eine mehr oder weniger formelle ***Identifikationsgemeinschaft*** ergänzt. Der spontane Zusammenhalt wurde hierdurch gestützt und vertieft. Auf diese Weise trugen Tradition und Identifikation gemeinsam zum Abgrenzungsbedürfnis gegenüber anderen Gemeinschaften bei. Sie verstärkten im Staatsvolk die Neigung, sich als geschlossene Gemeinschaft zu verstehen. Auch wenn Sicherheit und Wohlstand nicht auf dem Spiele standen, verwehrten die meisten Staaten daher den freien Zutritt zu ihrem Staatsgebiet und erst recht die freie Wahl der Staatsbürgerschaft.

Neben dem Effizienzvorteil und der gemeinsamen Tradition und Identifikation kann sich in der staatlichen Gemeinschaft noch ein weiteres Bindeglied entwickeln, nämlich das Solidaritätsempfinden. Dieses entwickelt sich allerdings weniger spontan als das gemeinsame Effizienzinteresse und die Gemeinsamkeit von Tradition und Identifikation. Solidarität hat in familiären und anderen Kleingruppen die stärkste emotionale Basis, und diese Basis wird um so schwächer, je größer – und damit anonymer – die Solidargemeinschaft wird.

Auf der gesamtstaatlichen Ebene bedarf die Solidarität daher eines besonderen Umfeldes, das die Anonymität und die damit verbundene Schwäche der emotionalen Bindungen kompensieren hilft. Ein solches Umfeld bieten die gewachsenen ethnischen und traditionalen Bindungen und die darauf aufbauenden kulturellen und identifikatorischen Gemeinsamkeiten. Sie fördern die emotionale Bereitschaft der Bürger, innerstaatliche Solidarität in gewissem Umfang fest zu institutionalisieren. Die Reichweite staatlicher Solidarität dürfte daher ursprünglich an der Reichweite der gemeinsamen Sprache, Religion oder anderer kultureller Merkmale orientiert gewesen sein, die sich in effizienten Überlebensgemeinschaften entwickelt hatten. Die staatliche Effizenz-, Kultur- und Identifikationsgemeinschaft konnte sich unter dieser Bindung zugleich als ***Solidargemeinschaft*** konstituieren. Dies galt zumindest für Staaten von überschaubarer Größe.

Insgesamt richtet sich die Reichweite eines freiwilligen staatlichen Zusammenschlusses also nach drei Kriterien, nämlich der Reichweite der traditionalen und identifikatorischen Gemeinsamkeiten, nach der davon beeinflußten Reichweite des Solidaritätsempfindens und nach der Reichweite einer effizienten Staatsorganisation. Solange Staatsgrenzen noch zugleich Grenzen der gemeinsamen Traditionen, des gemeinsamen Solidaritätsempfindens und des effizient organisierbaren Staatsgebietes waren, gab es kaum Anlaß, diese Grenzen politisch in Frage zu stellen. Die entwicklungsgeschichtliche Ausgangssituation ist daher von einer gewissen Selbstverständlichkeit der staatlichen Zusammengehörigkeit und einem gesellschaftlichen Konsens über die Staatsgrenze geprägt. Das ursprüngliche Staatsvolk war zunächst eine in sich relativ geschlossene, von anderen Völkern nicht nur durch gemeinsame Wohlstands- und Überlebensinteressen, sondern auch durch Tradition, Herkunft, Identifikation und interne Solidarität relativ klar abgegrenzte Gemeinschaft. Vor diesem Hintergrund war die Staatszugehörigkeit noch kein politisches Problem.

Dies bedeutet natürlich nicht, daß es ursprünglich wenig Konflikte um zwischenstaatliche Grenzen gegeben hätte. Hierbei ging es aber zumeist nicht darum, die Zugehörigkeit von Menschen zu bestehenden Staaten neu zu regeln, sondern um rein territoriale Ausdehnungsbestrebungen. Die üblichen kriegerischen Auseinandersetzungen wurden also weniger um die Staatszugehörigkeit von Menschen als vielmehr um nutzbares oder für Verteidigungszwecke bedeutsames Land geführt. Spontanes Kriegsziel war ursprünglich nicht die Angliederung von Nachbarvölkern oder Teilen davon, sondern eher deren Vertreibung oder Vernichtung.

Die Verselbständigung der Effizienzgemeinschaft: Eroberung von Staatsgebieten, Unterwerfung und Durchmischung von Nationen

Die Zusammengehörigkeit bestehender staatlicher Gemeinschaften blieb nicht so selbstverständlich, wie sie sich anfänglich ergeben haben dürfte. In den Effizienzbedingungen der gemeinsamen Verwaltung und Sicherheit, der Verbreitung gemeinsamer Traditionen, der Bindung an Identifikationsobjekte und der Reichweite des Solidaritätsempfindens stellten sich Veränderungen ein, wo immer die technologischen, die natürlichen und die kulturellen Lebensbedingungen dem Wandel unterworfen waren. Hieraus konnte der Zwang oder das Bedürfnis erwachsen, den Kreis der Gemeinschaftsmitglieder neu abzugrenzen und dementsprechend neue Staatsgrenzen zu finden.

Die Bestimmung neuer Staatsgrenzen war nicht nur wegen der zwischenstaatlichen Konflikte kompliziert, die hierdurch leicht heraufbeschworen wurden. Hinzu kam, daß die optimale Abgrenzung sich beispielsweise für die Sicherheits-, die Verwaltungs- und die Kulturgemeinschaft sehr unterschiedlich wandeln konnte. Dies verlangte den Gemeinschaftsmitgliedern schwierige Kompromisse zwischen ihren Sicherheits-, Wohlstands- und Kulturinteressen bei der Einigung auf neue Staatsgrenzen ab.

Diese Kompromisse mußten immer wieder an veränderte innerstaatliche und äußere Verhältnisse angepaßt werden. Der stärkste Veränderungsdruck ergab sich anfänglich daraus, daß die organisatorischen Fähigkeiten mancher Staaten weit darüber hinauswuchsen, sich in ihren bestehenden Grenzen effizient zu verwalten und nach außen zu verteidigen. Dies war bei jenen Staaten der Fall, in denen die gesellschaftliche Arbeitsteilung besonders schnell voranschritt und bei denen sich daher Vorsprünge in der Verkehrs-, Kommunikations-, Transport-, Organisations- und Waffentechnik einstellten. Solche technisch-organisatorischen Fortschritte führten schon sehr früh zu größeren organisatorischen Reichweiten des effizienten Staatswesens. Nicht zuletzt war dies auf das größere staatliche Unterdrückungspotential zurückzuführen, das der Fortschritt in den genannten Bereichen mit sich brachte. Es wurde möglich, fremde Bevölkerungsteile und ganze Völker nicht nur militärisch zu besiegen und zu vertreiben, sondern sie auch über längere Zeiträume zwangsweise in den siegreichen Staat einzugliedern. Bestehende Staatsgrenzen, die gleichzeitig die Grenzen der Effizienz-, Solidar- und Traditionsgemeinschaften gewesen waren, verloren damit ihren selbstverständlichen, schicksalhaften Charakter. Nicht selten war ein bedrohliches innerstaatliches Bevölkerungswachstum der eigentliche Auslöser für den territorialen Expansionsdrang. Aber auch unabhängig von solchen Zwängen entwickelten sich in den Führungseliten der effizienteren Staaten Begehrlichkeiten, die schließlich in die Bereitschaft zum Unterwerfungskrieg mündeten.

Von der Effizienz dieser Staaten ging zudem eine gewisse Faszination aus, die zuweilen auf Teile benachbarter Bevölkerungen übergriff. Die Aussicht, an den Effizienzvorteilen des überlegenen Staatswesens teilzuhaben, konnte dazu verleiten, sich mit einer mehr oder weniger friedlichen Unterwerfung abzufinden. Aus der von Staat zu Staat unterschiedlichen technisch-organisatorischen Entwicklung ergab sich somit, daß manche Staatsgrenzen unabhängig von bestehenden Grenzen des Volkes, des Stammes, der Religionsgemeinschaft oder anderer traditionsgestützter Bindungen neu gezogen wurden. Die Expansion des Römischen Reiches war wohl der erste Fall dieser Art von weltgeschichtlicher, in einigen Lebensbereichen bis heute nachwirkender Bedeutung.

Die Fortschritte in der Technologie der Machtausübung ereigneten sich, lange bevor der demokratische Gedanke Eingang in das allgemeine staatspolitische Bewußtsein fand. Die neuen Möglichkeiten der Ausdehnung von Staatsgebieten wurden daher im allgemeinen nicht im Interesse der betroffenen Bürger genutzt. Ausschlaggebend waren die Motive jener Personen, Stände, Familienclans und ideologischen Interessengruppen, denen der geschichtliche Zufall die Verfügung über die staatlichen Machtmittel in die Hände gespielt hatte. Welchem Staat ein Bürger sich zugehörig fand, konnte daher von der Geltungssucht oder dem religiösen Eifer eines Diktators, von der Heiratspolitik und den Erbstreitigkeiten eines Herrscherhauses, vom ideologischen Weltgeltungsanspruch einer Funktionärsclique oder vom launigen Federstrich eines Kolonialherren abhängen. Vorstellungen über die Ausdehnung ihrer Staatsgebiete, wie sie z.B. Alexander der Große oder Karl V., die Salier, die Habsburger oder die Hohenzollern, europäische Kolonialisten und die großen Diktatoren dieses Jahrhunderts durchsetzten, konnten nicht einmal im eigenen, ursprünglichen Lande auf ein wohlüberlegtes Interesse der Bevölkerung zurückgeführt werden. In Einzelfällen wie demjenigen Alaskas wurden sogar Staatsgebiete samt zugehörigem Staatsvolk von einem Staat an den anderen verkauft, ohne daß hierüber Rücksprache mit den betroffenen Bürgern genommen worden wäre.

Wenn effizient geführte Staaten sich solche willkürlichen Eingriffe in die politische Landkarte leisteten, hatte dies aber immer auch negative innerstaatliche Nebenwirkungen. Es schwächte den Zusammenhalt der staatlichen Gemeinschaft in den anderen, nicht an der Effizienz orientierten Bereichen. Geschwächt wurde das Staatsvolk u.a. als Identifikationsgemeinschaft, wenn diese aus den Konturen der Traditionsgemeinschaft heraustrat, mit der sie ursprünglich kongruent gewesen war. Zumeist gelang es nur oberflächlich, den Mangel an spontaner Identifikation durch Herausstellung neuer staatlicher Identifikationsobjekte zu beheben und damit das identifikatorische Interesse der Bürger am Fortbestand des Staatswesens zu sichern.

Unvermeidlich geschwächt wurde mit der Expansion des Effizienzstaates auch der Zusammenhalt als Solidargemeinschaft. Der Verlust an spontanem solidarischem Zusammengehörigkeitsgefühl führte entweder zur Vernachlässigung der solidarischen Staatsaufgaben oder zu einer aufoktroyierten, von vielen Bürgern als unfreiwillig empfundenen Zwangssolidarität. In beiden Fällen waren unterschwellige oder offene soziale Spannungen und ein Verlust an Staatsloyalität in weiten Teilen der Bevölkerung die Folge. Im Umgang mit diesen Loyalitätsproblemen wurden die Effizienzvorsprünge des überlegenen Staates teilweise absorbiert, und im äußersten Fall gingen sie vollständig verloren.

Dies sind die wesentlichen Gründe dafür, daß die zunehmende Größe expandierender Staaten immer wieder unerwartet zur inneren Schwäche wurde. Das effiziente Größenwachstum wurde irgendwann überkompensiert durch den zusätzlichen staatlichen Aufwand, mit dem der Mangel an staatsbürgerlichem Zusammengehörigkeitswillen ausgeglichen werden mußte. Auch effizient verwaltete Diktaturen stießen immer wieder an diese Grenzen und riskierten mit deren Überschreitung den Verfall der Macht bzw. des Imperiums. Die Sowjetunion ist hierfür das aktuellste, aber nicht das letzte Beispiel.

Die Staatsführungen übermäßig expandierender Staaten konnten die negativen Nebenwirkungen der Expansion aber häufig lange hinausschieben. Unter dem Druck der Verhältnisse entwickelten sie politische Strategien, um den Mangel an spontanem innerstaatlichem Zusammenhalt durch künstlich geschaffene Gemeinsamkeiten zu kompensieren. In einigen Fällen haben verordnete Staatsreligionen und verordnete Staatsideologien sich in dieser Funktion über beträchtliche Zeiträume hinweg bewährt. Ähnliche politische Wirkungen versprach man sich in neuerer Zeit von dem Versuch, durch staatliche Prestigeprogramme in Hochtechnologie, Rüstung oder Hochleistungssport neue Identifikationsebenen zu schaffen.

Der auf diese Weise gestützte, ursprünglich effizienzinduzierte Expansionismus hat nicht nur auf der politischen Landkarte Spuren hinterlassen, sondern auch auf der Landkarte des staatsbürgerlichen Gemeinschaftsgefühls. Er hat manche Kulturgemeinschaften willkürlich durchschnitten und sie auf verschiedene, nicht selten miteinander verfeindete Staaten verteilt. Er hat aber auch die Durchmischung kultureller Gemeinschaften gefördert und damit neue Zwänge und Bedürfnisse geschaffen, die das Problem der Staatszugehörigkeit zusätzlich verkomplizieren.

Indessen hat sich an der grundsätzlichen Bedeutung von Tradition, Identifikation, Solidarität und Effizienz für den staatlichen Zusammenhalt bis heute wenig geändert, wenngleich diese Faktoren von Staat zu Staat und von Weltregion zu Weltregion sehr unterschiedliches Gewicht haben. Der traditionale Faktor ist in der staatlichen Kultur- und Bildungspolitik verankert, und er findet sich auch in einer Einwanderungspolitik, die als Schutz vor dem Eindringen fremder Traditionen in das Staatsgebiet gehandhabt wird. Das identifikatorische Element findet sich in repräsentativen Staatsorganen wie Monarchen und Präsidenten, in der staatlichen Förderung des nationalen Spitzensports und auch immer noch in der repräsentativen Herausstellung militärischer Stärke. Das solidarische Moment wird mit den vielfältigen Instrumenten staatlicher Verteilungspolitik umgesetzt, wenngleich es dabei von der opportunistischen Durchsetzung einzelner Gruppeninteressen oft schwer zu unterscheiden ist. Von Sozialhilfe und Kindergeld über sozialen Wohnungsbau und solidarische Beitragsstrukturen in der gesetzlichen Sozialversicherung bis hin zu vielerlei Steuererleichterungen, Branchensubventionen und zum Länderfinanzausgleich reichen die Bemühungen um praktische Realisierung staatlicher Solidarität.

Eine noch breitere Ausdifferenzierung hat das Staatswesen in seiner Eigenschaft als Effizienzgemeinschaft erfahren. Während die politische Funktion der militärischen Sicherheitsgemeinschaft im wesentlichen unverändert geblieben ist, ist der Verwaltungsgemeinschaft ein immer breiteres Spektrum von Aufgaben zugewachsen. Sehr früh wurde sie unter anderem zu einer *Währungsgemeinschaft*, die eine nationale, nur innerhalb der eigenen Staatsgrenzen gültige Währung verwaltete. Im übrigen wuchs der Verwaltungsbereich zu einer immer komplexeren Gemeinschaft zivilen und öffentlichen Rechts heran und schließlich auch zu einer Gemeinschaft effizienter demokratischer Entscheidungsfindung. In neuerer Zeit wird die staatliche Effizienzgemeinschaft auch zu einer Gemeinschaft der effizienten Umweltbewahrung und der effizienten Kontrolle des Bevölkerungswachstums. Auch in der Umwelt- und Bevölkerungspolitik geht es letztlich um nichts anderes als die langfristige Wohlstandssicherung für das Staatsvolk und damit um das langfristige Ziel der Effizienzgemeinschaft.

Von dieser Erweiterung des Staates um immer mehr Funktionsbereiche bleibt auch die Staatsgrenzenfrage nicht unberührt. Für jeden neuen staatlichen Funktionsbereich stellt sich auf neue, andere Weise die Frage nach der optimalen Staatsgröße. Für jeden dieser Bereiche kann die Antwort hierauf auf eigene Weise von der Größe des bestehenden Staates abweichen. Ein funktionsfähiger Umweltstaat kann z. B. eine ganz andere territoriale Reichweite erfordern als der Kultur- oder der Sicherheitsstaat, in dessen bestehende Grenzen er hineingezwängt wird. Mit der Ausdifferenzierung der Staatsfunktionen wird es daher immer fragwürdiger, sich weiterhin den historischen Zufällen zu beugen, die die politische Landkarte mit den geltenden Staatsgrenzen und Staatsgrößen bisher geprägt haben.

Demokratische Notlösung: Das Dogma der Unantastbarkeit der Staatsgrenze

Jede Staatsgrenze, die unter einem bestimmten politischen Regime bzw. Entscheidungsverfahren zustande gekommen ist, kann mit dessen Beseitigung zu einer konfliktträchtigen Altlast werden. Hierfür gibt es historische Beispiele in großer Zahl. So haben manche Staatsgrenzen, die unter kolonialistischer Fremdbestimmung entstanden sind, später unter den Bedingungen der Unabhängigkeit nicht standgehalten. Das Problem der Grenzbereinigung kann natürlich auch durch jeden Übergang von nichtdemokratischen Verhältnissen auf demokratische Verhältnisse akut werden. Sobald der politische Wille sich freier entfaltet, wird die Frage der Staatsgrenzen unter den Aspekten von Effizienz, Tradition, Identifikation und Solidarität unbefangener hinterfragt. Dies verstärkt den politischen Druck, nach einem neuen Konsens über die Gestalt der politischen Landkarte zu suchen.

Der historische Rückblick lehrt allerdings, daß der demokratische Staat allein noch längst kein Garant für einen unbefangenen Umgang mit seinen eigenen und fremden Staatsgrenzen war. Auch die beste demokratische Absicht reichte nicht aus, um Wege zur konsensfähigen, friedlichen Korrektur umstrittener zwischenstaatlicher Grenzen zu ebnen. Zwar hat die Demokratie sich als relativ sichere Gewähr dafür erwiesen, daß die Staatsmacht bestehende Staatsgrenzen nicht mit kriegerischer Aggression zu verschieben versuchte. Fragwürdige Grenzen wurden aber auch unter demokratischen Verhältnissen nur selten erfolgreich, d. h. friedlich und im Einvernehmen mit den betroffenen Bürgern korrigiert. Die Demokratie, die sich als Verfahren zur Regelung innerstaatlicher Angelegenheiten entwickelt hatte, konnte in diesem Bereich wenig zur Umsetzung des Bürgerwillens beitragen.

Der Umgang demokratischer Staaten mit dieser Problematik ist durch historische Vorlasten zusätzlich erschwert. Das politische Bewußtsein ist noch traumatisiert von der kriegerischen Vorgeschichte fast aller bestehenden zwischenstaatlichen Grenzen und insbesondere natürlich von den beiden Weltkriegen. Es reflektiert die allgemeine geschichtliche Erfahrung, daß die Übergänge zwischen Grenzdiskussion und Kriegstreiberei zumeist sehr fließend waren. Aus dieser Erfahrung heraus sah man in der Tabuisierung der Grenzen einen geeigneten ideologischen – und zugleich pragmatischen – Ansatz zur Tabuisierung des Krieges.

Dieser Ansatz zielte natürlich in erster Linie auf den Umgang mit undemokratischen Diktaturen ab, von denen man den Einsatz kriegerischer Mittel in Grenzkonflikten am ehesten zu erwarten hatte. Die demokratischen Staaten waren sich aber bewußt, daß sie auch untereinander über kein anerkanntes Verfahren zur Regelung eventueller Grenzkonflikte verfügten. Sie entwickelten daher insbesondere in der jüngsten Nachkriegszeit eine extrem skeptische Haltung gegenüber jeglichem Ansinnen auf Veränderung der politischen Landkarte. Die *Unverletzlichkeit der Grenzen* wurde zumindest in Europa zu einem relativ strikten Dogma demokratischer Friedenspolitik, das stillschweigend in Sinne einer *Unveränderlichkeit der Grenzen* gehandhabt wurde. Die Furcht, mit unbedachten Grenzdiskussionen militärische Konflikte und letztlich den Einsatz von Atomwaffen zu riskieren, führte zur Ignorierung fast aller akuten – und zur vorauseilenden Ignorierung aller eventuellen – Grenzkorrekturanliegen. Die Staatsgrenzenfrage wurde damit fast vollständig von der politischen Tagesordnung verdrängt.

Diese Art von Friedenspolitik orientierte sich stärker an der pragmatischen Intuition der Politiker als an konsequenten demokratischen Überzeugungen. Sie entsprach nicht nur dem instinktiven Reflex zur territorialen Besitzstandswahrung, dem die meisten Staatsführungen gehorchten. Sie bot außerdem den Vorteil, daß außenstehende Staaten Konflikte zwischen separatistischen und staatsbewahrenden Kräften nach Belieben als innerstaatliche Konflikte abtun und sich dementsprechend heraushalten konnten. Selbst wenn diese Konflikte kriegerisch ausarteten, konnte man sie von außen her bequem als Bürgerkriege definieren, die die übrige Staatengemeinschaft nicht unmittelbar angingen.

Die Anerkennung eines separatistischen oder anderweitig auf Grenzkorrekturen abzielenden Bürgerwillens barg dagegen die Gefahr der unwillkommenen Internationalisierung gewaltsamer Konflikte. Dem Frieden schien es insofern dienlicher, dem demokratischen Willen zum Wechsel von Staatsangehörigkeiten nur beschränkte Beachtung zu schenken. Dies war der Hintergrund, vor dem separatistische Bestrebungen militant oder sogar terroristisch werden mußten, um überhaupt politisches Gehör zu finden. Weil aber kaum jemand ein Interesse hatte, zwischen legitimen separatistischen Bedürfnissen und gewaltsamem separatistischem Aktionismus zu unterscheiden, verkam der Begriff des Separatismus im gängigen Diskurs allmählich zum politischen Schimpfwort. Bestenfalls verband sich hiermit die Vorstellung von spleenigen Minderheiten, denen die Einsicht in die friedenspolitische Logik der modernen Welt verwehrt blieb. Der Gedanke, zum demokratischen Prinzip könne auch das Prinzip der Einmischung zugunsten solcher Minderheiten – und damit zugunsten demokratisch fundierter Grenzkorrekturen – gehören, fand nur sehr zögerlichen Eingang in die politische Diskussion.

Noch in den Reaktionen der westlichen Demokratien auf den Zerfall Jugoslawiens und der Sowjetunion zeigte sich, welcher hohe politische Rang dem Staatsgrenzentabu eingeräumt wurde. Das außenpolitische Bekenntnis zur Notwendigkeit, die osteuropäischen Grenzen neu zu ordnen, war anfänglich sehr verhalten, und im Falle Jugoslawiens kam es viel zu spät, um dem serbisch-kroatischen und den nachfolgenden Friedensprozessen noch nennenswerte Dienste zu leisten.

Die Ereignisse in Jugoslawien und Teilen der Sowjetunion ließen sich zunächst als Bestätigung dafür deuten, daß es für ein Festhalten an der Tabuisierung der Grenzfrage noch gute realpolitische Gründe gab. Insbesondere im serbisch-kroatischen und im serbisch-bosnischen Konflikt gingen selbst unter demokratisch gewählten Politikern Grenzdiskussion und Kriegstreiberei so schnell ineinander über, daß man nur mehr durch eilige Beschwörung des alten Grenztabus glaubte beschwichtigen zu können. Es zeigte sich aber, daß die Tabuisierung der alten Grenzen nur so lange von friedenspolitischem Nutzen blieb, wie die alte Staatsmacht diese Grenzen noch gegen den Willen großer Bevölkerungsgruppen gewährleisten konnte. Sobald die zentralstaatliche Autorität diese Gewähr nicht mehr bot, verlor das Dogma von der Unantastbarkeit bestehender Grenzen seinen friedenspolitischen Sinn.

Im zerfallenen Jugoslawien wurde deutlich, daß dieses Dogma sogar zu einer besonders gewaltsamen und unversöhnlichen Art der Auseinandersetzung beitragen kann. Viele Serben mußten sich von der Vorstellung benachteiligt fühlen, eine einmal eingerichtete, international anerkannte Staatsgrenze zu Kroatien und Bosnien werde unter dieses Dogma fallen und damit auf absehbare Zeit unverrückbar bleiben. Sie mußten befürchten, im späteren Bemühen um demokratische Grenzkorrekturen zugunsten serbischer Siedlungsgebiete keinerlei internationale Unterstützung zu bekommen. Die kriegerische Aggression der Serben kann daher als Versuch gedeutet werden, die innerjugoslawischen Grenzen zu korrigieren, bevor sie den Charakter offizieller, international anerkannter Staatsgrenzen annehmen und damit der gewohnten Tabuisierung durch die internationale Staatengemeinschaft anheimfallen würden. Insofern war diese Aggression ein Verstoß gegen eine veraltete internationale Ordnung, die alles andere als demokratischen Charakter hatte. In Moldawien, Aserbeidschan und anderen Krisengebieten wurde dieser Mechanismus auf ähnlich unheilvolle Weise wirksam.

In einer Welt, die in der Staatsgrenzenfrage für die jederzeitige demokratische Revision offen wäre, hätte Serbien es mit seinen kriegerischen Einsätzen zweifellos weniger eilig gehabt. Dies ist ein mahnendes Beispiel dafür, daß das Prinzip der jederzeitigen Revidierbarkeit aller Staatsgrenzen als einzig praktikables, vorbeugend wirksames Friedensprinzip verbleibt, sobald die Staatsmacht das Grenztabu nicht mehr durchsetzen kann. Wo die Staatsgewalt schwach ist und zugleich Grenzen heftig umstritten sind, kann dem gewaltsamen Konflikt nur die Gewißheit zuvorkommen, daß über die Grenzen auf demokratische Weise neu entschieden wird.

Die Bereitschaft zur demokratischen Neubestimmung der Staatsgrenze kann aber den Frieden nur dann nachhaltig sichern, wenn hierfür ein allseits anerkanntes Verfahren zur Verfügung steht. Aus den Abstimmungsmodalitäten kann sich ein deutliches Präjudiz zugunsten – oder zuungunsten – bestimmter Bevölkerungsgruppen ergeben, und dementsprechend heftig kann um diese Modalitäten gestritten werden. Wo ein solches Präjudiz besteht oder nur vermutet wird, verschafft auch das demokratische Verfahren der Staatsgrenze nicht den notwendigen allgemeinen Respekt und garantiert keine friedliche Konfliktlösung. So sah beispielsweise die serbische Minderheit ihre Belange im Wahlverfahren über die Unabhängigkeit Bosnien-Herzegowinas negativ präjudiziert. Sie reagierte hierauf mit konsequenter Wahlenthaltung.

Es wäre sehr voreilig, solche Wahlenthaltung als Verweigerung gegenüber der Demokratie als solcher pauschal zu verurteilen. In Fragen der Staatszugehörigkeit lassen sich viele Interessenkonflikte nicht mit einer simplen Mehrheitsentscheidung über das Ja oder Nein zu einem bestimmten Staat lösen. Entscheidungsverfahren, die sich in anderen Problembereichen bewährt haben, müssen hierauf nicht übertragbar sein. Daß bisher so wenig politische Erfahrung mit der demokratischen Revision von Staatsgrenzen vorliegt, ist zum Teil auch auf ein Scheitern an dieser Verfahrensfrage zurückzuführen.

Überwindung des Dogmas: Staatsgrenzen im demokratischen Wettbewerb

Nicht nur das Ende der in Atomkriegsfurcht erstarrten Nachkriegsordnung macht also die politische Tabuisierung der Staatsgrenzen obsolet. Anlaß für die Revision dieses Tabus gibt auch die Einsicht, daß es gewaltsam geschaffenes Unrecht fortschreibt und unter Umständen sogar zur vorsorglichen militärischen Aggression verleitet.

Die Staatengemeinschaft wird Entscheidungen über zeitgemäße Staatsgrenzen und Staatsgrößen daher nicht weiter von der politischen Tagesordnung verdrängen können. Die überholte Maxime von der Unantastbarkeit der Grenzen muß von der neuen Maxime abgelöst werden, daß Staatsgrenzen nach der aktuellen Bedürfnislage zu revidieren und jedem künftigen Wandel des Bürgerwillens anzupassen sind. Sobald das demokratische Prinzip auch für zwischenstaatliche Angelegenheiten vorbehaltlos anerkannt ist, läßt es keine Kompromisse in dieser Frage mehr zu. Es läßt sich nicht mehr auf die innerstaatlichen Entscheidungen über politische Repräsentanten, Parteien und Programme einengen, sondern es muß auch auf die Wahl der Staatszugehörigkeit Anwendung finden.

Überzeugten Demokraten war dieser Gedanke natürlich niemals grundsätzlich fremd. Das sogenannte Selbstbestimmungsrecht der Völker, das im Nachkriegsdeutschland besonders viel zitiert wurde, bezieht sich im Prinzip auf genau diesen Gedanken.

Trotzdem besteht ein bedeutender qualitativer Unterschied zwischen diesem völkischen Selbstbestimmungsrecht und einem konkreten Recht der Bürger, über ihre Staatszugehörigkeit selbst zu entscheiden. Der herkömmliche Begriff der Selbstbestimmung wurde im allgemeinen nur auf sehr eng definierte Sachverhalte angewendet. Er bezog sich auf Fälle, in denen eindeutig definierbare Völker auf einem eindeutig definierten Staatsgebiet einen relativ eindeutigen Willen über ihre Staatszugehörigkeit bekundeten und in denen dieser Wille von fremden Mächten mißachtet wurde. Das Selbstbestimmungsrecht war in dieser Definition ein vergangenheitsbezogenes Prinzip, das nur einer Nation in einer historisch begründeten Abgrenzung zum Stimmrecht verhelfen konnte. Es war damit zu nichts anderem als der Restituierung einstmaliger Nationalstaaten geeignet. Zugleich war es in der Begründung von Rechtsansprüchen so unpräzise, wie der Begriff der Nation es von jeher gewesen ist. In komplizierteren Fällen, in denen es nicht um die Mißachtung der geschlossenen Willensbekundung eines Volkes ging, war das Prinzip des Selbstbestimmungsrechts der Völker für politische Bewertungen kaum von Nutzen.

Solche komplizierteren, unübersichtlichen Fälle sind es aber, die im zwischenstaatlichen Bereich jetzt und künftig auf die politische Tagesordnung kommen. Selten noch werden Korrekturen alten Unrechts zu leisten sein, dem sich ganze Völker hatten beugen müssen und von dem dieselben, identischen Völker zu befreien sind. Viel häufiger wird es darum gehen, daß einzelne Bevölkerungsgruppen aus spontanem Bedürfnis und kalkuliertem Interesse auf Revisionen bestehender Staatsgrenzen drängen. Die in Norditalien aufkommende Neigung zur Abspaltung vom Süden des Landes ist ein Anzeichen dafür, mit welchen bislang unvermuteten Entwicklungen in dieser Hinsicht zu rechnen ist. An der politischen Landkarte werden laufende Instandsetzungsarbeiten erforderlich werden, die nicht mehr nach gewohnten völkerrechtlichen Vorstellungen entscheidbar sind.

Um diese Instandsetzungen bewältigen zu können, braucht die Staatengemeinschaft eine zeitgemäße Alternative zum inflexiblen

Prinzip des Selbstbestimmungsrechts der Völker. Diese Alternative kann nur darin bestehen, daß das Selbstbestimmungsrecht auch anderen, insbesondere kleineren Bevölkerungsgruppen als dem Volk zugestanden wird. Das Maximum an demokratischer Flexibilität wäre in dieser Frage dann erreicht, wenn das Selbstbestimmungsrecht über die staatliche Zugehörigkeit vollständig individualisiert wäre. Nicht mehr nur dem einzelnen, geschlossenen Volk muß demnach dieses Recht zugesprochen werden, sondern es gebührt vom Grundsatz her jedem einzelnen Bürger. Zumindest gebührt es jeder regionalen oder lokalen Bevölkerungsgruppe, die zu einer geschlossenen Willensbildung und geschlossenem Handeln in dieser Frage fähig ist. Dies muß für den Übertritt von einem Staat zum anderen ebenso gelten wie für die separatistische Staatsgründung. Einschränkungen dieses Grundsatzes lassen sich nur insoweit demokratisch rechtfertigen, als die praktischen Probleme eines individualisierten Selbstbestimmungsrechts unzumutbare Belastungen für die Allgemeinheit darstellen. Die Auseinandersetzung mit diesen praktischen Problemen ist daher die wichtigste Voraussetzung dafür, daß ein zeitgemäßes Verfahren der demokratischen Selbstbestimmung über die Staatszugehörigkeit entworfen werden kann. Zwischen einem individuellen und einem kollektiven Wahlrecht über die Staatszugehörigkeit wird unter diesem Aspekt noch genauer abzuwägen sein.

Je individueller die Entscheidung über die Staatszugehörigkeit getroffen werden kann, desto intensiver wird letzten Endes auch der politische Wettbewerb um die Staatszugehörigkeit ausgetragen. Dem Bürger, der zwischen mehreren Staatsbürgerschaften frei wählen könnte, stünde damit ein viel größeres Spektrum an politischen Willensbekundungen und Handlungsalternativen offen als demjenigen, der sein separatistisches oder integrationspolitisches Interesse nur in die herkömmlichen innerstaatlichen Entscheidungsprozesse einbringen kann. Um die Zustimmung dieses Bürgers müßten die Politiker viel intensiver ringen, als sie es in der Demokratie mit starren Staatsgrenzen tun. Noch scheint allerdings das Bewußtsein der Politiker wie auch der Staatsbürger sehr unvollkommen auf eine solche neue Dimension des politischen Wettbewerbs vorbereitet zu sein.

Das Prinzip des Wettbewerbs ist in der Politik der demokratischen Staaten noch nie ganz vorbehaltlos akzeptiert worden. Zwar

war die politische Praxis der etablierten Demokratien immer auch eine Praxis des Personen-, Parteien- und Interessengruppenwettbewerbs, aber die Grenzen, in denen dieser Wettbewerb sich abzuspielen hatte, blieben bisher relativ eng gesteckt. Nach herrschendem Staatsverständnis und herrschender Verfassungsrealität wurde dem Bestand des Staatswesens eine höhere Bedeutung zugemessen als der Sicherung des politischen Wettbewerbs. Es wurde – und wird noch immer – als selbstverständlich akzeptiert, daß dieser Wettbewerb im Notfall suspendiert wird, um ein Staatswesen zu bewahren. Viel ungewohnter erscheint dagegen die Vorstellung, daß gegebenenfalls ein demokratisches Staatswesen zu suspendieren bzw. zu teilen oder zu verkleinern ist, wenn das Ergebnis des politischen Wettbewerbs es so will. Man versteht also den jeweils bestehenden Staat noch als die Instanz, die den demokratischen Wettbewerb erzeugt. Die umgekehrte Sichtweise, der zufolge es der demokratische Wettbewerb ist, aus dem der Staat mit seinen jeweiligen Grenzen hervorgeht, entspricht noch nicht der gängigen politischen Intuition.

Die Bedeutung des wettbewerblichen Prinzips für die Qualität des politischen Prozesses wird auch in gefestigten demokratischen Staaten immer noch weit unterschätzt. Schon in der Wirtschaftspolitik war die Rezeption wettbewerbstheoretischer Grundeinsichten sehr zögerlich verlaufen. Ein einigermaßen lückenloser öffentlicher Konsens über die Bedeutung des Wettbewerbs für die Entwicklung des Wohlstandes und die Freiheit der Lebensgestaltung hat sich erst in jüngster Zeit, nämlich nach dem endgültigen Kollaps der sozialistischen Wirtschaftsordnung eingestellt.

Wie schwer dieser Gedanke sich in der politischen Ideologie durchsetzen konnte, ist an keinem Beispiel deutlicher erkennbar als an der Entwicklung der Wettbewerbspolitik marktwirtschaftlich orientierter Staaten. Diese Politik beinhaltete trotz aller prinzipiellen Bekenntnisse zum marktlichen Wettbewerb fast überall eine Fülle staatlicher Regulierungen, deren Begründungen sich im nachhinein überwiegend als irrig erwiesen haben. Ein besonders anschauliches Beispiel hierfür ist das wettbewerbsfeindliche Versorgungsmonopol der Deutschen Bundespost, das erst in den letzten Jahren teilweise aufgebrochen wurde. Daß private Haushalte sich ihre Telefonapparate bei privaten, dem Wettbewerb ausgesetzten Unternehmen kaufen dürfen, war deutschen Politikern und Bürgern bis dahin nicht plausibel erschienen. Für die damit verbundenen Preisvorteile und den Gewinn an individueller Wahlfreiheit hat sich das Vorstellungsvermögen erst in der praktischen Erfahrung vollständig entwickelt. Bürgern, die sich mit dem Gedanken an die freie Wahl des Telefonapparates noch so schwer taten, mußte natürlich die freie Wahl über Staatsgrenzen und Staatszugehörigkeiten vollends utopisch erscheinen.

In einem anderen Bereich der Wirtschaft, nämlich der Elektrizitätsversorgung, gab es eine noch auffälligere Parallele zum eingeschränkten politischen Wettbewerb um den Staatsbürger. Bis vor wenigen Jahren hielt man es in Deutschland für mehr oder weniger selbstverständlich, daß ein Energieversorgungsunternehmen über ein gesichertes Absatzgebiet verfügte, innerhalb dessen es als alleiniger Anbieter operiert. Einzelne Unternehmen, Bürger, Kommunen und Landkreise konnten nicht frei entscheiden, von welchem Anbieter sie sich versorgen ließen, und auch die freie Option für eine Eigenversorgung war ihnen im allgemeinen verwehrt. Unter dem gesetzlichen Schutz des Gebietsmonopols konnten die Unternehmen der Energiewirtschaft sich ihrer gesamten Kundenschaft sicher sein und brauchten sich nicht im Wettbewerb zu bewähren.

Gegen die inzwischen vollzogene Änderung der Wettbewerbsordnung, die die angestammte Aufteilung der Versorgungsgebiete in Frage stellte und den Abnehmern mehr versorgungspolitischen Entscheidungsspielraum gab, leistete die Elektrizitätswirtschaft beträchtlichen Widerstand. Dies war aus Sicht der betroffenen Unternehmen durchaus verständlich. Der schärfere Wettbewerb erschwert die Unternehmensführung, und er kann die Arbeitsplätze der Branche unsicherer machen. Die Anbieter haben daher ein unmittelbares Interesse daran, sich miteinander und mit dem Staat auf Beschränkungen des Wettbewerbs zu Lasten der Verbraucher zu verständigen.

Die Regel, daß Anbieter jede Verschärfung des Wettbewerbs als lästig empfinden und daher ein spontanes Interesse an Wettbewerbsbeschränkungen haben, gilt für den Bereich der Politik nicht weniger als für die Wirtschaft. Politische Institutionen bemühen sich daher ähnlich wie Wirtschaftsunternehmen um die Absicherung ihrer Versorgungsgebiete und versuchen, ihre Überlebensbedingungen im Wettbewerb dadurch zu verbessern. Die Gefahr, daß solche Wettbewerbsbeschränkungen zu Lasten der Bürger aufrechterhalten werden, ist wegen des unmittelbaren Einflusses der Politikanbieter, und insbesondere der Parteien, auf die politischen Institutionen sogar besonders groß.

Je leichter es den Bürgern gemacht wird, Staatsgrenzen zu verschieben und Staatszugehörigkeiten zu wechseln, desto schwieriger wird das Geschäft der sogenannten politischen Klasse. Parteien, Politiker und Staatsführungen unterlägen damit in einer zusätzlichen Dimension dem politischen Wettbewerb, und sie wären einem entsprechend erhöhten Erfolgs- und demokratischen Rechtfertigungsdruck ausgesetzt. Der Staat – und damit alle Anbieter auf dem Markt der Politik – könnten unter solchen Bedingungen nicht mehr ihres gewohnten Staatsgebietes und Staatsvolkes sicher sein. Sie müßten jederzeit damit rechnen, Teile hiervon durch einen demokratischen Willensakt zu verlieren. Die Staatsführungen wären gezwungen, um ihr Staatsvolk und ihr Territorium zu jedem Zeitpunkt mit entsprechenden politischen Leistungen zu werben. Es ist eine natürliche Reaktion der zuständigen Anbieter, sich einer solchen Verschärfung des Wettbewerbs zu widersetzen. Von etablierten Parteien, Interessenverbänden und staatlichen Institutionen ist daher, wenn nicht offener Widerstand, dann zumindest ein stiller Widerwille gegen die konsequente Demokratisierung in der Staatsgrenzenfrage zu erwarten.

Um so dringender bedarf es in der Politik aber einer Wettbewerbsordnung, die die Interessen der politischen 'Verbraucher', d.h. der Staatsbürger, vor den Nachteilen eines beschränkten Wettbewerbs bewahrt. Unter diesen Nachteilen gehört die unfreiwillige Unterwerfung von Minderheiten unter eine ungewollte, dem politischen Wettbewerb entzogene Staatszugehörigkeit zu den gravierendsten. Aber auch die unfreiwillige Zusammengehörigkeit von Bevölkerungsmehrheiten mit ungeliebten Minderheiten im eigenen Staate ist ein Problem, für das sich nur im geregelten demokratischen Wettbewerb haltbare Lösungen einstellen.

Der herkömmliche politische Wettbewerb hat nur insofern eine grenzüberschreitende Dimension, als die Bürger auf schlechte politische Leistungen ihres Staates mit Abwanderung reagieren können. Die Abwanderung wird aber nur von wenigen als naheliegender Ausweg aus politisch verschuldeten Mißständen oder Benachteiligungen empfunden, und sie wird außerdem in den meisten Ländern durch die bestehenden Ein- und Auswanderungsgesetze behindert. Die Folge ist, daß der eventuelle Abwanderungsdruck als politisches Korrektiv und politische Prävention im allgemeinen nur geringe Wirkung hat. Die politischen Fehlleistungen müssen allzu eklatant und die Not der Bürger allzu groß sein, bevor das Korrektiv der Abwanderung spürbare politische Wirkung zeigt.

Wenn demgegenüber unzufriedene Bürger dem Staat nicht nur durch Abwanderung den Rücken kehren können, sondern wenn sie ihm darüber hinaus Teile seines Zuständigkeitsgebietes durch demokratische Akte aberkennen oder ihn sogar vollständig liquidieren können, kann sich der wettbewerbliche Leistungsdruck auf das politische Angebot uneingeschränkt entfalten. Erst dann kann man darauf vertrauen, daß die Anbieter des innerstaatlichen politischen Wettbewerbs alle Möglichkeiten ausschöpfen, zum Vorteil der Bürger zu wirken und Schaden von ihnen abzuwenden.

Dieser Wettbewerb ist nicht nur ein Leistungswettbewerb bestehender Institutionen, Parteien und einzelner Personen, sondern er ist immer auch ein Wettbewerb staatlicher Organisationsformen. Er bezieht sich damit letztlich auf all jene Ideologien und Theorien, auf die die Staatskonzeptionen sich in den einzelnen staatlichen Funktionsbereichen stützen. Erst mit dieser Art von Wettbewerb könnte es daher gelingen, den Staat aus der Rolle als monopolistischer Hüter und Förderer eben jener Ideologien zu verdrängen, auf die er sich in seiner jeweiligen Konzeption beruft. Es würde also der ideologisch-theoretische Wettbewerb auf diesem Gebiet intensiviert und damit in letzter Konsequenz auch der Wettbewerb um die beste Staatsverfassung. Zumindest würde die Wahrscheinlichkeit einer zeitigen Korrektur überholter Verfassungsnormen und anderer Elemente der Gesellschaftsordnung erhöht.

Von der Offenhaltung der Grenzfrage für die jederzeitige demokratische Revision sind also mehrerlei wichtige politische Vorteile zu erwarten. Der erste Vorteil ist die Ausweitung der demokratischen Wahlfreiheit auf das letzte, ihr noch unerschlossene Gebiet der Politik. Der zweite Vorteil ist die vollständige Mobilisierung des politischen Wettbewerbs, von der eine allgemeine Leistungssteigerung im politischen Prozeß und schnellere Anpassungen im Bereich der politischen Ideologie zu erwarten sind. Der dritte und wichtigste Vorteil läge darin, daß die Frage der Staatsgrenzen endgültig in einen friedlichen politischen Kontext eingebettet wäre. Wo immer bestehende Grenzen den Bürgern falsch gezogen scheinen, würde über die Revision dieser Grenzen in einem geregelten politischen Verfahren gewaltfrei entschieden.

Die Institutionalisierung eines Wettbewerbs der Staaten um die Bürger ließe insofern einen ebenso lebhaften wie friedlichen Veränderungsprozeß der politischen Landkarte erwarten. Sie würde sicher auch manche Überraschungen darüber hervorbringen, welche neuen Bedürfnisse hinsichtlich staatlicher Zugehörigkeiten artikuliert werden. Welche Staatsgrenzen schließlich verschoben, aufgehoben und neu gezogen, welche Staaten also verkleinert oder vergrößert, separatistisch aufgespalten oder in der Integration mit anderen aufgelöst werden, würde zu einer viel offeneren Frage, als dies aus heutiger Sicht noch den Anschein hat.

2. BEWUSSTSEINSWANDEL DER STAATSBÜRGER, BEDEUTUNGSWANDEL DER STAATSGRENZE

Gegenläufige Entwicklungen in West- und Osteuropa?

Der Umgang mit den bestehenden Staatsgrenzen entwickelt sich derzeit in Europa sehr unterschiedlich. Im Westen haben die politischen Integrationsbemühungen die Grenzen für den Bürger zumindest in praktischer Hinsicht unbedeutender gemacht. Zugleich hat es den Anschein, daß der emotionale Stellenwert der Staatsgrenzen – und damit auch der individuellen Staatszugehörigkeiten – allmählich abnimmt. Das nüchterne Kalkül über die wirtschaftliche Opportunität von Grenzverläufen und Staatsgrößen hat gegenüber der Fixierung auf die Nation und den Nationalstaat etwas an Boden gewonnen. Insoweit die Optimierung der Effizienzgemeinschaft dies erfordert, ist man bereit, die Zweckmäßigkeit nationalstaatlicher Grenzen in Frage zu stellen.

In Osteuropa zeichnet sich eher eine gegenläufige Entwicklung ab. Der Sowjetimperialismus hat dort offensichtlich keine gewachsene Nüchternheit in nationalen Fragen hinterlassen. Vielmehr besteht eine deutliche Neigung, sich am Leitbild eines traditionsgebundenen Nationalstaates zu orientieren und dementsprechend die neue Staatenstruktur aus nationalen Gemeinschaften alter Art entstehen zu lassen. Man versucht, Sprach- und Konfessionsgruppen einen neuen staatlichen Rahmen zu geben und damit Traditions-, Identifikations- und Solidargemeinschaften in ihren früheren Grenzen wiederzubeleben. Emotionale Bindungen sind es, die hier das Staatsverständnis und den Umgang mit der politischen Landkarte beherrschen. Dies geht zumeist mit der überkommenen Praxis einher, die gewünschten Staatsgrenzen durch Rückgriffe in die Geschichte zu rechtfertigen. Die Frage, ob auf diese Weise auch wohlstandssichernde Effizienzgemeinschaften entstehen, scheint eine relativ untergeordnete Rolle zu spielen.

Der Reflex, der auf die Wiederherstellung eines in allen Zuständigkeitsbereichen souveränen Nationalstaates abzielte, regte sich zuerst und besonders stark in den baltischen Staaten. Für die baltischen Bürger gab es keinen Zweifel, daß die angestrebte Unabhängigkeit nur die Wiederherstellung des jeweiligen Nationalstaates in all seinen einstmaligen Funktionen bedeuten konnte. Man verstand den neuen Staat sehr intensiv als kulturelle Traditionsgemeinschaft, was anfänglich unter anderem in einer offenen Brüskierung russischer und polnischer Minderheiten zum Ausdruck kam. Dieser Aspekt des neuen Staatsverständnisses kulminierte in der Diskussion darüber, ob die Beherrschung der Landessprache Voraussetzung für das aktive und passive Wahlrecht sein sollte.

Dementsprechend intensiv war auch das Bemühen, den neuen Staat unverzüglich als Identifikationsgemeinschaft neu zu begründen. Symptomatisch hierfür war unter anderem, daß der Antrag auf Mitgliedschaft im Internationalen Olympischen Komitee eine der ersten internationalen Initiativen nach der diplomatischen Anerkennung durch die westlichen Staaten war. Die Politiker hatten es offenbar sehr eilig, ihrem Staatsvolk geeignete Identifikationsobjekte wie National- und Olympiamannschaften zu verschaffen. Es schien, daß sie sich hierin mit der Mehrheit ihrer Bürger einig wußten.

Für das politische Bedürfnis, sich als Identifikationsgemeinschaft neu zu konstituieren, gab es in den baltischen Staaten besonders naheliegende Anknüpfungspunkte. Die zwangsweise Einverleibung in die Sowjetunion war dort als historisches Unrecht noch lebhaft bewußt, und die Identifikation mit der Sowjetunion war bei der Bevölkerungsmehrheit schwach oder nicht existent geblieben. Der Verzicht auf die schnelle Schaffung neuer Identifikationsobjekte hätte daher einen zeitweiligen Verzicht auf das staatsbezogene Identifikationserlebnis als solches bedeutet. Nichts wäre der nationalen Stimmungslage nach dem erfolgreichen Kampf um die Unabhängigkeit stärker zuwidergelaufen.

Dieser Stimmungslage entsprach es natürlich auch, den neuen, eigenen Staat als selbständige Solidargemeinschaft zu etablieren. Man hatte das Bedürfnis, eine Sozial- und Umverteilungspolitik von Litauern für Litauer, von Esten für Esten und von Letten für Letten zu betreiben, ohne auf die eventuellen Solidaransprüche aus anderen Regionen der alten Sowjetunion eingehen zu müssen. In dieser Einstellung fühlte man sich noch durch die Vermutung bestärkt, in den zurückliegenden Jahrzehnten unfreiwillige, politisch verschleierte Solidarbeiträge an die übrige Sowjetunion geleistet zu haben. Die Wirtschaftsleistung der baltischen Republiken war innerhalb der Sowjetunion überdurchschnittlich hoch gewesen, und man konnte in der Tat davon ausgehen, daß ein Teil dieser Wirtschaftsleistung zum Zwecke der innersowjetischen Wohlstandsnivellierung absorbiert worden war.

All dies ließ das staatsbürgerliche Bewußtsein der Balten so sehr mit der neuen Gemeinsamkeit von Tradition, Identifikation und Solidarität ausgefüllt sein, daß man die daraus abgeleiteten Grenzen bedenkenlos auch als Grenzen der staatlichen Effizienzgemeinschaft akzeptierte. Für Währungs-, Außen- und Einwanderungspolitik, Wirtschafts- und Finanzpolitik, Sicherheitspolitik, Umweltpolitik und anderes mehr wurde die Reichweite des neuen, wiederhergestellten Staatsgebietes nicht auf Zweckmäßigkeit hinterfragt. Hierüber war aus anderen Motiven schon bindend entschieden worden.

Ähnlich entwickelte sich der Umgang mit dem Problem der Staatsgrenze in den südlicheren Republiken der ehemaligen Sowjetunion und in anderen Staaten des postsozialistischen Osteuropas. In Georgien, Armenien und Aserbeidschan, in der Ukraine, Moldawien, Serbien, Kroatien, Mazedonien, Slowenien, Bosnien und sogar in der Slowakei war das Bewußtsein auf die Restituierung eines Staatswesens gerichtet, das sich auf gemeinsame Traditionen gründet. Dessen Effizienzbedingungen spielten in der öffentlichen Meinungsbildung allenfalls eine untergeordnete Rolle.

Daß so wenig nüchterne Abwägung eventueller wirtschaftlicher Nachteile der neuen Staatsgrenzen stattfand, findet im historischen Kontext der Vorgänge vielerlei Erklärungen. Im Bereich der ehemaligen Sowjetunion war dies insbesondere dem Nachholbedarf an nationalstaatlicher Identifikation und Traditionspflege zuzuschreiben, der sich unter der internationalistischen Zwangsideologie und russischen Kulturhegemonie aufgestaut hatte. Bei dieser politischen Gefühlslage hätte die neu gewonnene Demokratie es ohne den emotionalen Stützpfeiler einer starken nationalen Identifikation vermutlich sehr schwer gehabt. Für diese Vermutung spricht, daß auch die westlichen Demokratien überwiegend im Rahmen nationalstaatlicher Identifikations- und Traditionsgemeinschaften entstanden sind.

Zu der Fixierung auf die Traditions- und Identifikationsgemeinschaft trug natürlich auch das in der sozialistischen Epoche gewachsene Mißtrauen in den nationenübergreifenden Zentralstaat bei. Da man diesen Staat so lange als unfreiwillige Zwangsgemeinschaft erlebt hatte, wollte man nun die Staatsgewalt endgültig in die eigenen, nationalen Hände nehmen. Zudem schien der größere Staat nach den Erfahrungen mit der sozialistischen Mißwirtschaft auch als Effizienzgemeinschaft diskreditiert. Die Wiedereinrichtung des kleinen Nationalstaates versprach die schnellere Befreiung von den Ineffizienzen der unbeherrschbar gewordenen sowjetischen Wirtschaftslenkung. Insofern glaubte man, die nationalstaatlichen Grenzen letztlich auch mit nüchternem Effizienzkalkül rechtfertigen zu können.

In Westeuropa gab es anfänglich ein gewisses Befremden darüber, daß das postsozialistische Staatengefüge sich auf so rückwärtsgewandte Weise formierte. Hier hatte das politische Bewußtsein mehr Zeit gehabt, historische Belastungen abzuschütteln und nüchterne Einstellungen zu Staatsgrenzen und Staatszugehörigkeiten zu entwickeln. Es war zwar in den westlichen Demokratien, wie unter anderem der verkrampfte Umgang mit den separatistischen Bestrebungen bezeugte, nicht gelungen, das Kriegstrauma vollends zu überwinden und wirklich praktikable Alternativen zur Tabuisierung bestehender Grenzen zu entwickeln. Im großen und ganzen war aber ein Bewußtseinswandel feststellbar, der das Verhältnis zum Staat ent-emotionalisierte und es erlaubte, die Reichweite des Staatsgebietes nüchtern auf ihre Vor- und Nachteile hin zu überdenken.

Auch als Identifikationsobjekte konnten die westeuropäischen Staaten ihren früheren Absolutheitsanspruch nicht behaupten. Die staatsbürgerliche Identifikation verlor den schicksalhaften, bedingungslosen Charakter, der ihr in einer nationalistischeren Vergangenheit zugewachsen war. Sie wurde für viele Bürger zum ersetzlichen Konsumerlebnis, dem die Identifikation mit Objekten wie dem örtlichen Fußballverein im Stellenwert kaum nachstand. Die emotionale Besetzung nationaler Traditionen schwächte sich in ähnlicher Weise ab. Dementsprechend schwächer wurde auch das Bedürfnis, den Staat auf die Funktion eines exklusiven Hüters und Sachwalters dieser Tradition festzulegen.

Vor diesem Hintergrund konnte die Idee der politischen Integration in Westeuropa allmählich an Boden gewinnen. Der oberflächliche Europa-Idealismus der frühen Nachkriegsära spielte in diesem Prozeß nur eine zeitlich begrenzte Rolle. Viel wichtiger war die Erfahrung, daß die modernen Demokratien sich mit ihrem technokratischen Alltagsgeschäft kaum noch als Sachwalter emotionaler Anhänglichkeiten eignen. Diese Erfahrung förderte die Bereitschaft, bestehende Nationalstaaten zumindest in einigen Teilbereichen in supranationale Institutionen aufgehen zu lassen. In Ansätzen zeichnte sich der freiwillige Zusammenschluß zu einem westeuropäischen Staatsgebilde ab, das in seiner Größenordnung und in seinem multinationalen Charakter Ähnlichkeiten mit der zerfallenen Sowjetunion aufwies. Insofern standen Staatenzerfall im Osten und Integration im Westen einander in auffälligem Kontrast gegenüber.

Dieser Kontrast zwischen dem osteuropäischen Zerfall und der westeuropäischen Integration ist aber bei näherem Hinsehen geringer, als die zurückliegenden Beobachtungen es zunächst glauben machten. Der bisherige Prozeß der westeuropäischen Integration war viel zu fragmentarisch, zu langsam und zu unübersichtlich, um wirklich das unzweideutige historische Gegenstück zur osteuropäischen Desintegration abzugeben. Die bisher geschaffenen politischen Gemeinsamkeiten der EG-Staaten bleiben in einigen Bereichen sogar hinter dem Rest an verordneten Gemeinsamkeiten zurück, die manche auseinandergefallenen Teilstaaten der sozialistischen Zwangsgemeinschaft noch immer verbindet. Zudem lassen die aktuellen Reaktionen der westeuropäischen Bevölkerung einen sehr schleppenden Fortgang der weiteren Integrationspolitik erwarten.

Trotzdem ist der westeuropäische Integrationsprozeß bisher das fortgeschrittenste Bemühen um eine friedliche und demokratische Überwindung unzeitgemäßer Staatsgrenzen. Um so dringender ist es daher, den Gründen für den bisher so geringen Erfolg und die geringe Resonanz dieses Prozesses nachzugehen. Solange diese Gründe nicht klar erkannt sind, ist auch für die postsozialistische Welt nicht mit erfolgversprechenden Verfahren für die Bereinigung von Staatsgrenzen und für ein eventuelles Wiederzusammenwachsen allzu zersplitterter Staatsgebiete zu rechnen.

Der Idee der westeuropäischen Integration lag anfänglich kein wesentlich erneuertes Staatsverständnis zugrunde. Sie war in erster Linie dem Zweck der Friedenssicherung gewidmet und konzentrierte sich daher auf die Schaffung politischer Routinen, die die permanente zwischenstaatliche Koordination zur Selbstverständlichkeit machen und der gegenseitigen politischen Entfremdung vorbeugen sollten. Unter dieser Zielsetzung war es anfänglich relativ unbedeutend, in welchem Bereich solche Gemeinsamkeiten gefunden wurden. Man wollte die abstrakte Idee der Gemeinschaft mit Leben füllen, ohne sich dieses Leben schon sehr konkret vorstellen zu können. Dementsprechend fiel auch die inhaltliche Ausgestaltung der Integrationsidee aus.

In der Frühphase des Integrationsprozesses war man insbesondere in Deutschland bemüht, eine Art vorauseilender staatsbürgerlicher Identifikation mit dem neu zu schaffenden Europa zu entwickeln. Man übte sich im Umgang mit der Europaflagge und anderen Formen europäischer Symbolik, und gelegentlich hielten politische Kommentatoren schon nach Identifikationsfiguren Ausschau, die sich als künftige europäische Präsidenten eignen könnten. Diese Entwicklung erwies sich aber als relativ kurzlebig. Für eine europäische Identifikationsgemeinschaft gab es weder genügend traditionale Grundlagen noch ein spontanes, zukunftsgerichtetes Bedürfnis. Die Integrationsidee war ein Produkt der reinen Vernunft, und ausschließlich als solches wird sie bis heute von den meisten betroffenen Bürgern betrachtet.

Konkrete Integrationsansätze konnten sich daher nur auf ein Europa in der Eigenschaft als Effizienzgemeinschaft beziehen. Die Liberalisierung des grenzüberschreitenden Wirtschafts- und Personenverkehrs, der Kapitalbewegungen und schließlich der Arbeitsplatzwahl innerhalb der Europäischen Gemeinschaft waren Schritte, von denen sich letztlich alle Beteiligten langfristige Vorteile versprachen. Sie waren ökonomisch effizient und trugen zum Wachstum des Wohlstandes in den beteiligten Ländern nachweislich bei.

Die einzige praktisch bedeutsame Gemeinsamkeit, die in den ersten drei Dekaden der Europäischen Gemeinschaft darüber hinaus zustande kam, war der gemeinsame Agrarmarkt. Lange Zeit galt dieser als die eigentliche politische Klammer, die die europäische Integrationsidee in der praktischen Politik wachhielt und die beteiligten Staaten zu beständigem gemeinsamen Handeln zwang. Ein engeres Bindeglied, in dem die europäische Integrationsidee konkreter verkörpert und politisch sichtbarer gewesen wäre, hat jahrzehntelang nicht bestanden.

Daß ausgerechnet die gemeinsame Agrarpolitik in diese Rolle hineinwuchs, zeigt, wie abstrakt die Integrationsidee zunächst einmal war und wie wenig sie dem europäischen Bürger konkret zu bieten hatte. Die Agrarpolitik der EG wurde in keinem staatlichen Funktionsbereich ein wirklicher politischer Erfolg. Sie war nicht effizient, sondern widersprach allen Einsichten in die Grundsätze volkswirtschaftlich sinnvoller Rahmengebung. Sie war ein gesamteuropäisches Subventionsgrab, dessen ungebändigter Kostenanstieg politisch nur dank einer systematischen Verschleierung vor den Steuerzahlern durchzuhalten war. Sie war nicht wahrhaft solidarisch, sondern eher ein Musterbeispiel für die geschickte Durchsetzung gesellschaftlicher Partialinteressen in einem schwer durchschaubaren Umverteilungsprozeß. Hier zeichnete sich also der integrative Zusammenschluß weder im Sinne einer Effizienzgemeinschaft noch im Sinne einer Solidargemeinschaft ab, und erst recht stand dieser Aspekt der Integration nicht im Dienste einer erweiterten Traditions- und Identifikationsgemeinschaft. Was stattfand, war nichts anderes als eine Integration der agrarpolitischen Unvernunft. Bestenfalls war es ein Stück institutionalisierter Gemeinsamkeit um der Gemeinsamkeit willen.

Diesen Charakter hatte auch das Europäische Parlament, das man sich anfänglich als demokratische Keimzelle des künftigen geeinigten Europas vorgestellt hatte. Dieses Parlament war quasi auf Vorrat geschaffen worden in der Erwartung, daß ihm die politischen Entscheidungsaufgaben im weiteren Integrationsprozeß mehr oder weniger selbsttätig zuwachsen sollten. Man hoffte, daß die Bürger bald nachdrücklich ihren Bedarf an europaweiten politischen Entscheidungen, deren dieses Parlament sich anzunehmen hätte, anmelden und umsetzen würden.

Diese Erwartung hat sich aber nicht erfüllt. Das Europäische Parlament wartete vergeblich auf die Entstehung eines ihm zugehörigen Staates, dem es mit politischer Entscheidungsvollmacht hätte dienen können. Eine integrative Dynamik, die die Entwicklung zur politischen Union konkreter hätte voranbringen können, kam nicht zur Entfaltung. Wirklich bedeutende Fortschritte wurden nur bei der Integration des gemeinsamen Wirtschaftsraumes erzielt.

Wenn man an den politischen Integrationsprozeß gewöhnliche historische Zeitmaßstäbe anlegt, wäre es sicher viel zu früh, von einem Scheitern an der ursprünglichen Zielsetzung zu sprechen. Die Stagnation in der Entwicklung europastaatlicher Institutionen ist aber zumindest insofern ein Scheitern, als sie mit einem außerordentlich raschen gesellschaftlichen Wandel kontrastiert, der neue Anforderungen an die grenzübergreifende Politik stellt. Auf diesen Wandel haben beispielsweise die Wirtschaftsunternehmen in ihren organisatorischen Strukturen und geographischen Reichweiten viel zügiger und nachhaltiger reagiert als die Politik. In fast allen Wirtschaftsbranchen hat sich im letzten halben Jahrhundert eine grundlegend gewandelte Struktur von Unternehmenseinheiten entwickelt, die sich in ihren lokalen, regionalen, nationalen, kontinentalen und globalen Reichweiten und ihren unterschiedlichen internen Organisationsformen stark ausdifferenziert haben. Im Bereich der Politik hat keine vergleichbar konsequente Ausdifferenzierung der Reichweiten und Organisationsformen stattgefunden. Nationale Regierungen, Parlamente, Zentralbanken, Streitkräfte und Verfassungsgerichte blieben viel enger an die überkommenen Grenzen ihres Staates gebunden. Dies ist Grund genug für die Vermutung, daß viele politische Institutionen in ihrer heutigen Gestalt den künftigen Aufgabenstellungen sehr unvollkommen gerecht werden.

Zusammen mit dem Aktionsradius der Wirtschaftsunternehmen hat sich auch der geographische Lebens- und Erlebensradius der Staatsbürger beträchtlich erweitert. Diese nehmen nicht nur das politische Geschehen jenseits der Staatsgrenzen intensiver wahr, sondern sie sind hiervon auch als Reisende, Gastarbeiter oder Umsiedler häufiger persönlich betroffen. Ihnen wird auch zunehmend bewußt, daß beispielsweise die Wirtschafts-, Umwelt-, Währungs- und Einwanderungspolitik anderer Länder sie über die Staatsgrenzen hinweg immer stärker berührt. Trotzdem haben die Bürger innerhalb der EG bisher keine schnellere Gangart im politischen Integrationsprozeß eingefordert. Obwohl ein Umgestaltungsbedarf in mancher Hinsicht unübersehbar ist, ist die Bereitschaft offenbar gering, sich EG-weiten politischen Institutionen unterzuordnen.

Wenn man den Prozeß der westeuropäischen Integration in seiner konzeptionellen Entwicklung verfolgt, dann finden sich für diese Skepsis der Bürger in der Tat einleuchtende Gründe. Der Rückblick zeigt, daß das in den fünfziger Jahren entstandene Integrationskonzept vom seitherigen Wandel der gesellschaftlichen Verhältnisse wenig beeinflußt wurde. Nach der ursprünglichen Integrationsidee war es ein Zwischenziel, die beteiligten Regierungen zu einer institutionalisierten Kooperation zu zwingen. Das vorgegebene idealistische Fernziel war, alle Staaten unter das Dach einer gemeinsamen politischen Spitzeninstanz zu bringen. Man stellte sich einen europäischen Über-Staat vor, dem sich das gesamte Gebiet der Gemeinschaft in allen betroffenen politischen Funktionsbereichen gleichermaßen unterordnen sollte. Die Konzeption dieses europäischen Staates war eng an den herkömmlichen Nationalstaat angelehnt. Implizit hatte man damit für die Europäische Gemeinschaft eine ähnliche Homogenität der inneren politischen Verhältnisse im Visier, wie sie bisher in den beteiligten Einzelstaaten herrschte. Außerdem war man dem Ziel verpflichtet, die politischen Integrationsschritte von allen beteiligten Einzelstaaten gleichzeitig vollziehen zu lassen. Der Europastaat sollte im EG-weiten Gleichschritt zum Identifikationsstaat, Solidarstaat, Verwaltungsstaat, Währungsstaat, Sicherheitsstaat und in begrenztem Maße auch zum Traditionsstaat ausgebaut werden.

Dies waren Festlegungen, mit denen die Gemeinschaft von vornherein überfordert wurde. Die Überforderung wurde um so stärker, je mehr und je unterschiedlichere Staaten beteiligt waren und je inhomogener dadurch die politischen und gesellschaftlichen Verhältnisse in der Gemeinschaft wurden. Mit jeder Erweiterung der Gemeinschaft wurde der selbstauferlegte Zwang zur Gleichzeitigkeit und Ausnahmslosigkeit der politischen Integrationsschritte zu einer höheren, schließlich prohibitiven Barriere. Für die schnelle Angleichung der Verhältnisse in allen beteiligten Staaten fehlte es nicht nur an politischer Gestaltungskraft. Es fehlte hierzu auch am demokratischen Konsens.

Die Integrationspolitik war dadurch in ein schwieriges Dilemma geraten. Entweder riskierte sie Stillstand oder gar Rückschritt im Bemühen um Vertiefung der Integration, oder sie mußte vom

Prinzip des Gleichschritts aller beteiligten Einzelstaaten abkehren. Dieses Problem wurde am Projekt der Währungsunion in seiner ganzen Tragweite sichtbar. Die Einigung auf eine künftige europäische Währung war nur möglich, weil dabei de facto auf die Einbeziehung aller Mitgliedstaaten verzichtet wurde. Die Bindungen für den Beitritt zum gemeinsamen Währungsgebiet wurden so formuliert, daß sie nur von einer Minderheit der beteiligten Staaten zum vorgesehenen Zeitpunkt erfüllt werden können. Wenn dies nicht dazu führt, daß das Projekt der Währungsunion in der vorgesehenen Form wieder verworfen wird, wird es den Einstieg in einen sehr ungleichzeitigen, differenzierten geldpolitischen Integrationsprozeß zur Folge haben.

Viele überzeugte Europäer werden dies zunächst als einen integrationspolitischen Rückschlag werten. Ein solches Urteil wäre aber über die Köpfe der Bürger hinweg gefällt, in deren Interesse die Integration letzten Endes zu vollziehen ist. Es wäre nicht daran orientiert, was den europäischen Bürgern zumutbar ist und worauf ihre politischen Bedürfnisse gerichtet sind. Diesen Bedürfnissen würde ein undifferenzierter, alle Staaten zeitgleich einbeziehender Integrationsprozeß am wenigsten gerecht werden.

Die währungspolitische Integration ist Beispiel dafür, daß die Überwindung von Staatsgrenzen nur im Rahmen einer äußerst flexiblen Politik möglich ist. Nur eine Politik, die die Ungleichförmigkeit der gesellschaftlichen Verhältnisse respektiert und entsprechend ungleichförmige Entwicklungen zuläßt, kann letzten Endes demokratischen Rückhalt gewinnen. Politische Institutionen dagegen, die auf der idealistischen Prämisse grenzüberschreitender Interessengleichheit aufgebaut sind, werden schwer mit demokratischem Leben zu erfüllen sein. Eine solche Institution ist das Europäische Parlament.

Das zu erwartende Scheitern der simultanen, EG-weiten Währungsunion birgt die Chance der Abkehr von einer idealistischen und der Hinwendung zu einer demokratischeren Integrationspolitik. Demokratischer kann eine solche Politik nur werden, wenn ihre Integrationsbemühungen nicht von vornherein auf ein Staatsgebiet festgelegt sind, das unter falschen Prämissen definiert wurde. Sie darf sich nicht an der vorgegebenen Reichweite bestehender Institutionen wie EG und Europaparlament orientieren. Daß es zur währungspolitischen Integration einiger europäischer

Länder kommen wird, ist letzten Endes nicht wegen, sondern trotz des Bestehens der EG möglich geworden. Gleiches wird für andere Bereiche der Integrationspolitik gelten, wenn diese einem demokratischen Auftrag folgen.

Die Differenzierung des Bürgerwillens

Über wie viele individuelle Bedürfnisse ein undifferenzierter europäischer Integrationsprozeß hinweggehen kann, läßt sich anhand lebenspraktischer Interessen eines europäischen Durchschnittsbürgers demonstrieren. Als Beispiel kann hier die politische Bedürfnislage des fiktiven Bewohners eines beliebigen westeuropäischen Dreiländerecks dienen.

Dieser fiktive Europäer dürfte zunächst einmal ein handfestes Interesse an mehreren Aspekten einer europäischen Effizienzgemeinschaft haben. Ihm käme es gelegen, wenn er die drei Staatsgrenzen in seiner Nähe problemlos passieren, wenn er also ohne Grenzformalitäten zum Vergnügen, zum Einkaufen oder zum Arbeiten in alle Richtungen reisen könnte. Vorteil hätte er auch davon, wenn die politische Integration der drei betreffenden Länder zu einer besser koordinierten Planung und Vernetzung der Infrastruktur in seinem geographischen Umfeld beitrüge. Er würde daher eine Integration der politischen Entscheidungsprozesse befürworten, die beispielsweise in den Bereichen Verkehr, Bahn, Post, Energie und bei anderen staatlichen Versorgungsmonopolen über die bestehende Staatsgrenze hinausreicht. Auch im Bereich des Umweltschutzes darf man ihm einen spontanen Willen zur Integration der politischen Prozesse zuschreiben. Er würde vermutlich persönlichen Vorteil aus einer grenzüberschreitend konzipierten Umweltpolitik ziehen, und er würde es daher begrüßen, sein Interesse an der Eindämmung von Schadstoffimmissionen, an der Sicherheit von Kernkraftwerken, am Schutz von Gewässern und anderen Umweltbelangen auch jenseits der nahe gelegenen Staatsgrenzen demokratisch einbringen zu können.

Auch im Bereich der Sicherheitspolitik hätte dieser Bürger ein naheliegendes Interesse an der staatlichen Integration. Er wäre in seinem Sicherheitsgefühl gestärkt, wenn in seinem geographischen Umfeld nicht mehrere, verschiedenen Regierungen unterstellte

Streitkräfte zuständig wären, sondern eine einzige, demokratisch kontrollierte Sicherheitsinstanz.

Seine Bereitschaft zur sicherheitspolitischen Integration muß aber nicht alle benachbarten Länder als mögliche Partner einbeziehen. Aus der Erinnerung an frühere kriegerische Konflikte heraus kann dieser Bürger auf der sicherheitspolitischen Eigenständigkeit auch gegenüber demokratischen Nachbarn bestehen, mit denen er sich z. B. bedenkenlos auf eine gemeinsame Umweltpolitik einlassen würde. In dieser Reaktion wird er noch bestärkt, wenn die nationalen Streitkräfte ein gewohntes Objekt seines Identifikationsbedürfnisses waren. Die Integrationsbereitschaft kann daher in der Sicherheitspolitik eine andere Reichweite haben als in den Bereichen Verwaltung oder Umwelt.

Ein besonders unzweideutiges Interesse ist demselben Bürger hinsichtlich der währungspolitischen Integration zu unterstellen. Den vollen Nutzen aus der Freizügigkeit des Reisens, Kaufens und Arbeitens zöge er erst dann, wenn die Kosten und Unbequemlichkeiten des Währungstausches überwunden wären. Er würde daher die alten Staatsgrenzen als Währungsgrenzen mit größtem Vergnügen fallen sehen.

Wenn er eine stabile heimische Währung gewohnt war, während in einem der Nachbarländer geldpolitische Disziplin traditionell wenig galt, würde er allerdings der Einbeziehung dieses Landes in die Verantwortung für die neue, gemeinsame Währung doch auch skeptisch gegenüberstehen. Er würde sich fragen, ob die währungspolitische Integration zu einem bedenklichen Kompromiß hinsichtlich der künftigen Stabilität des Geldwertes führen könnte. Vermutlich würde er die Währungsintegration zunächst einmal nur mit demjenigen Nachbarstaat vollziehen wollen, in dem ein solider Umgang mit dem Inflationsproblem selbstverständlich war. Das Land mit der höheren Inflationsneigung würde er auf einen späteren Beitritt vertrösten wollen. (Zur europäischen Währungsintegration s. auch Anm. 1, S. 151.)

Der zitierte Bürger würde also schon in den hier angesprochenen Bereichen einer europäischen Effizienzgemeinschaft, d. h. in den Bereichen Währung, Sicherheit und Verwaltung, unterschiedliche Integrationsbedürfnisse entwickeln. Noch differenzierter wird das Bild, wenn man die staatliche Integration in den Bereichen der Traditions- und Identifikationsgemeinschaft einbezieht. Hier spielen ganz andere Bedürfnisse und Stimmungslagen eine Rolle, als sie in Effizienzangelegenheiten politisch wirksam werden. Es besteht kein Grund, dem Bürger beispielsweise in Sachen Kultur- und Bildungspolitik ein ähnliches europäisches Integrationsbedürfnis zu unterstellen wie in der Wirtschafts-, Verkehrs-, Umwelt- oder Währungspolitik. Dies betrifft sowohl die Intensität wie die geographische Reichweite der Integration. Ob hier überhaupt ein Bedürfnis nach institutionalisierten politischen Gemeinsamkeiten vorliegt oder ob nicht eher ein Bedürfnis nach Desintegration, d.h. nach weiterer Dezentralisierung kultur- und bildungspolitischer Zuständigkeiten vorliegt, ist eine offene Frage.

Ähnliches gilt natürlich für die Ebene der staatlichen Identifikation. Das Bedürfnis nach kollektiven, staatlich betreuten Identifikationsobjekten steht in keinerlei Zusammenhang mit dem Integrationswillen in Bereichen wie der Währungspolitik. Mancher Bürger würde unabhängig von einer eventuellen Währungs- oder Verwaltungsintegration am nationalen Luxus eines repräsentativen Monarchen oder Präsidenten festhalten, und er würde von der gewohnten Identifikation mit nationalen Symbolen, mit Nationalmannschaften und nationalen Olympiateams nicht ohne weiteres lassen wollen.

Die wohl dramatischste Komplikation für den politischen Integrationswillen ergibt sich, wenn der Staat die Integration auch in seiner Eigenschaft als Solidargemeinschaft mitvollziehen soll. Die spontane staatsbürgerliche Solidarität breitet sich nach ganz anderen Kriterien aus als das gemeinsame Effizienzinteresse in den Bereichen Währung, Sicherheit und Verwaltung. Auch von der gemeinsamen staatlichen Traditionsbindung und Identifikation kann sie in der Reichweite beträchtlich abweichen. Wenn der besagte europäische Bürger schon wegen seiner unterschiedlichen Effizienzanliegen Mühe hat, sich auf die Integration mit einem oder beiden Nachbarstaaten festzulegen, kann er sich bei Einbeziehung der solidarstaatlichen Integration von dieser Entscheidung vollends überfordert fühlen.

Das Solidaritätsempfinden der Bürger, dem der Staat zu entsprechen und das er in geeigneter Form zu institutionalisieren hat, findet eine erste, emotionale Orientierung noch immer im kulturellen Zusammengehörigkeitsgefühl. Die intuitive Bereitschaft, sich an einem solidarischen staatlichen Umverteilungssystem zu beteiligen, wächst und fällt im allgemeinen mit der kulturellen Homogenität des Staatsvolkes. Die Wohlhabenderen lassen ihren Wohlstand bereitwilliger abschöpfen, wenn sie ihre Solidarbeiträge an Mitglieder ihres eigenen Kulturkreises fließen sehen. Auf diese Solidarbeiträge erheben zugleich die Bedürftigen desselben Kulturkreises einen bevorrechtigten Anspruch, und sie betrachten die Bedürftigen anderer Kulturkreise in dieser Hinsicht als illegitime Konkurrenten. Diese Eigenschaften des Solidarempfindens prägen jede staatliche Gemeinschaft, wie immer man sie moralisch bewerten mag.

Die zweite, bei vielen Bürgern dominierend gewordene Orientierung findet die innerstaatliche Solidarität im rationalen Vorteilskalkül. Vorteile kann der Staatsbürger sich davon versprechen, eine Solidargemeinschaft mit reicheren Nachbarn einzugehen. Innerhalb dieser erweiterten Gemeinschaft kann er auf gleichmäßige Verteilung der solidarischen Leistungen auf das gesamte Staatsgebiet drängen. Je größer das Wohlstandsgefälle zwischen dem reichen Nachbarstaat und dem eigenen Staat ist, desto größeren Zugewinn an Wohlstand und sozialer Sicherheit kann der Bürger des ärmeren Staates sich vom Anschluß an den Nachbarstaat erhoffen. Umgekehrt müssen die Bürger des wohlhabenden Staates mit entsprechend großen Wohlstandsverlusten rechnen, wenn sie den ärmeren Nachbarstaat in die Solidargemeinschaft aufnehmen.

Die wohlüberlegte Bereitschaft zur solidarstaatlichen Integration hat hier ihre Grenzen. Der politische Wille des besser situierten Staatsvolkes ist es, der die staatliche Solidarität an der Schwelle eines starken interregionalen Wohlstandsgefälles haltmachen läßt. Solche geographischen Grenzen der Solidarität können auch innerhalb bestehender Nationalstaaten verlaufen, wenn dort hohe interregionale Wohlstandsunterschiede bestehen und eine dauerhafte interregionale Umverteilung zur Folge haben. Im derzeitigen Nord-Süd-Konflikt in Italien droht eine solche solidarstaatliche Konfliktlinie aufzubrechen.

Wo immer eine ethnisch-kulturelle Grenze aber mit einer interregionalen Wohlstandsgrenze zusammenfällt, markiert sie eine besonders unüberwindliche Schwelle der staatlichen Solidarität. An ihr endet jede Bereitschaft der wohlhabenden Seite, eine fest institutionalisierte staatliche Solidargemeinschaft einzugehen. Wenn die europäische Integrationspolitik auf einen integrierten Universalstaat mit solidarpolitischer Zuständigkeit zusteuert, wird sie mit diesen Grenzen sehr schnell konfrontiert werden.

Der erwähnte, in einem mitteleuropäischen Dreiländereck ansässige Bürger, der seine politische Willensbildung zur staatlichen Integration betreibt, dürfte also in den einzelnen Politikbereichen zu sehr verschiedenen Schlußfolgerungen kommen. Er könnte in währungs- und sicherheitspolitischer Hinsicht ein überzeugter Integrationist sein, wobei der Integrationswille in diesen Bereichen vermutlich unterschiedliche Reichweiten hätte. Zugleich könnte er ein überzeugter Anhänger des Status quo in den Bereichen Traditions- und Identifikationspolitik sein und sich hier jeder Integration widersetzen. Ungeachtet dessen könnte er auf der solidarstaatlichen Ebene sogar die Aufspaltung seines derzeitigen Staates für opportun halten, d.h. als Solidarbürger zum Separatisten werden oder sich den Übertritt zu einem benachbarten Staatswesen wünschen. Auf jeden Fall wäre es reiner Zufall, wenn der politische Wille zur Reichweite der Solidargemeinschaft sich mit dem entsprechenden Willen in anderen Politikbereichen deckte. Eine demokratische Landkarte staatlicher Solidargemeinschaften würde sich nach besonders eigenständigen Motiven herausbilden.

Eine wahrhaft demokratische Politik staatlicher Integration müßte versuchen, diesen sehr differenzierten Motiven und Interessen der Bürger auf entsprechend differenzierte Weise gerecht zu werden. Sie darf den europäischen Bürger nicht mit der scheinbar simplen Frage konfrontieren, ob er die Fortsetzung der politischen Integration im Rahmen der EG befürwortet. Auf diese undifferenzierte Frage könnte der Bürger eine pauschale Ja/Nein-Antwort nicht geben, ohne fundamentale politische Bedürfnisse in einigen Politikbereichen zu verleugnen. Die Politiker dürfen auch nicht so handeln, als läge ihnen die demokratische Antwort auf diese unzulässig pauschale Frage vor.

Aber auch die differenziertere Fragestellung an den Bürger, die dem Integrationswillen in den verschiedenen Teilbereichen näher auf die Spur kommen könnte, wird an keiner Stelle der politischen Auseinandersetzung klar formuliert. Nirgendwo kann daher das spezifisch währungspolitische, sicherheitspolitische, identifikatorische, solidarpolitische oder kultur- und bildungspolitische Integrationsbedürfnis demokratisch artikuliert werden. Dies ist der

Hauptgrund dafür, daß das Konzept der europäischen Integration sich bisher so auffallend ziellos entwickelt hat. Die Architektur des geplanten Europäischen Hauses konnte unter diesen Voraussetzungen bisher keine Konturen annehmen, in denen der zeitgenössische Bürgerwille wiederzuerkennen wäre.

In Westeuropa gab es noch vor kurzem einen gewissen intellektuellen Konsens darüber, daß der Wille zur politischen Integration Ausfluß aufgeklärter staatsbürgerlicher Vernunft sei, während sich in separatistischen Neigungen rückwärtsgewandtes Denken rege. Die differenzierte Auseinandersetzung mit dem Staatswesen in seinen unterschiedlichen Eigenschaften als Effizienz- und Sicherheitsgemeinschaft, als Solidargemeinschaft und als Traditions- und Identifikationsgemeinschaft zeigt, wie unzeitgemäß ein solcher politischer Vernunftbegriff inzwischen geworden ist. Dem Interesse, das manche Bürger an den Bequemlichkeiten einer erweiterten Währungsgemeinschaft haben, darf unter demokratischen Verhältnissen kein höherer Stellenwert eingeräumt werden als dem eventuellen Interesse an einer Verkleinerung der Solidargemeinschaft oder an der Nicht-Erweiterung der staatlichen Traditions- und Identifikationsgemeinschaft. Die sehr unterschiedlichen Motive, die hier auf die Willensbildung einwirken, verdienen unter demokratischen Verhältnissen gleichrangigen Respekt. Sie müssen letzten Endes gleichgewichtig in den politischen Entscheidungsprozeß eingehen.

Die Idee des politischen Integrationismus leidet darunter, daß eben diese gleichgewichtige Rücksichtnahme auf die verschiedenen politischen Motive nicht gelingt. Die Willensbildung zur Integrationsidee ist noch zu sehr auf die Alternative verengt, entweder einen integrierten Groß-Staat herkömmlicher Art an die Stelle bestehender Einzelstaaten treten zu lassen oder sich mit lose institutionalisierten zwischenstaatlichen Kooperationen auf einzelnen Politikfeldern zu begnügen. Angesichts dieser Alternative ist verständlich, daß das Interesse der Bürger an der europäischen Integration so deutlich abgeflacht ist.

Die Furcht vor einer falschen, in einigen Politikbereichen überzogenen Staatsgröße ist nicht der einzige Grund für die Skepsis gegenüber einem integrierten europäischen Staatswesen. In dieser Skepsis spiegelt sich auch das wachsende Unbehagen an Staat und Politik, das fast allen europäischen Einzelstaaten innenpolitisch zu schaffen macht. Insofern ist diese Skepsis nur die europapolitische Variante genau jener Politikverdrossenheit, die sich überall in sinkenden Wahlbeteiligungen und verwandten Symptomen niedergeschlagen hat. Auch in der Politik der europäischen Einzelstaaten sieht sich der Bürger mit undifferenzierten Fragestellungen konfrontiert, die seiner komplexen Bedürfnislage immer weniger gerecht werden. Die Möglichkeit, gelegentlich per Stimmzettel ein Ja/Nein-Votum zu der Summe aller politischen Einzelprobleme abzugeben, wird kaum noch als adäquate, rationale Einwirkungsmöglichkeit auf den politischen Gang der Dinge respektiert. Im Verhältnis zwischen Bürgern und nationalen Regierungen, Parlamenten und politischen Parteien hat dies eine fortschreitende Entfremdung bewirkt. Eine verschärfte Form dieser Entfremdung ist es, die die Bürger im Verhältnis zu einem eventuellen europäischen Groß-Staat antizipieren.

Wie weit die Integrationsbereitschaft bzw. der separatistische Desintegrationswille für einzelne Staatsbereiche tatsächlich geht, vermag unter den gegenwärtigen Umständen niemand zuverlässig zu beurteilen. Die Reichweite seines Solidaritätsempfindens, sein Urteil über die Effizienzvorteile integrierter sicherheits-, umwelt- und währungspolitischer Institutionen, seine nationalen Identifikationsbedürfnisse und seine Einstellung zum Staat als Hüter nationaler Traditionen kann der Bürger nicht gezielt in den demokratischen Prozeß einbringen. Für eine differenzierte Auseinandersetzung und klärende öffentliche Meinungsbildung hierüber bietet das herrschende politische Verfahren keinen geeigneten Rahmen. Viele Bürger belassen es daher bei ihren intuitiven Vorbehalten gegenüber einem politisch integrierten Europa, das in denselben Grenzen gleichzeitig Solidarstaat, militärischer Sicherheitsstaat, Währungsstaat, Wirtschaftsstaat, Umweltstaat, Identifikations- und Kulturstaat und anderes mehr werden soll.

Vor diesem Hintergrund bleiben auch in Westeuropa die Aussichten auf eine demokratisch begründete Neuordnung der politischen Landkarte vorläufig gering. Es ist indes fraglich, ob es bei der bisherigen politischen Abstinenz der meisten Bürger in dieser Frage bleiben wird. Bisher schien es den Bürgern noch nicht besonders dringlich, ihre eigentlichen Bedürfnisse auf diesem Felde einzubringen und umzusetzen. Die politische Tagesordnung setzte andere Prioritäten. Die Spannungen zwischen diesen Bedürfnissen auf der einen und der bisherigen Art von Integrationspolitik auf der anderen Seite werden sich in Zukunft aber deutlicher bemerkbar machen. Die Bürger werden letztlich auch ihr Artikulationsvermögen in Sachen Staatsgrenzen und Staatszugehörigkeit verbessern und aktiver auf zeitgemäße Korrekturen auf der politischen Prioritätenliste hinwirken. Damit werden die Fragen von Integration und Sezession auch in Westeuropa brisanter werden.

Wenn das Integrationsziel in neuem Lichte gesehen wird, wenn es differenzierter betrachtet, als schwieriger erkannt und damit in weitere Ferne gerückt wird, gebührt auch den Staatsgrenzen der westeuropäischen Einzelstaaten wieder größere Aufmerksamkeit. Das Argument, man brauche keine Grenzen mehr zu verschieben, weil ja die Grenzen ohnehin bald verschwinden würden, verliert dann seine Überzeugungskraft. Dann kommen zunächst jene kleineren Korrekturarbeiten an der politischen Landkarte auf die Tagesordnung, die jahrzehntelang hinter dem Dogma der Unantastbarkeit der Grenzen zurückstehen mußten. Aber auch die größeren Korrekturen, die der Wandel der Bedürfnislage demokratischer Bürger vorzeichnet, werden nicht mehr lange zu verschieben sein.

3. DIE ENTFLECHTUNG DES STAATSGRENZENPROBLEMS

Die Aufspaltung des Staates in eigenständige Sparten

Die Wunschvorstellungen eines Bürgers über Größe und Grenzen des Staatsgebietes können für die einzelnen Politikbereiche sehr unterschiedlich sein, und sie können sich zudem mit dem Wandel der Problem- und Bedürfnislagen weiter zueinander verschieben. Aus dem Effizienzmotiv heraus kann z. B. eine ganz andere Staatsgröße opportun erscheinen als aus dem Solidaritäts- oder dem Traditionsmotiv, und diese Größe kann wachsen, während zugleich die Wunschgröße für die Solidargemeinschaft schrumpft. Die gewünschten Ausdehnungen der staatlichen Effizienzgemeinschaft, der Solidargemeinschaft und Traditionsgemeinschaft können sich selbst dort weit auseinanderentwickeln, wo sie jahrhundertelang weitgehend miteinander übereingestimmt haben.

Die Entscheidung, ob er sich politisch als Integrationist, Separatist, Irredentist oder Verfechter des Status quo definieren soll, verlangt dem Bürger die Hintanstellung wichtiger Interessen in einigen staatlichen Zuständigkeitsbereichen ab. So muß zum Beispiel der Separatist, dem es um die staatliche Rolle als Hüter bestimmter Traditionen und Bewahrer von Identifikationsobjekten geht, möglicherweise einen Verlust an sicherheitspolitischer Stabilität, einen Effizienzverlust der Wirtschaft oder auch einen Verlust an interregionalen Wohlstandsübertragungen als Nebenwirkungen seines politischen Ziels in Kauf nehmen. Dieser Zwiespalt tritt immer deutlicher ins politische Bewußtsein, aber er erscheint fast so unauflöslich wie je.

Zeitgenössische Politik findet in einem Umfeld statt, in dem die gesellschaftlichen Effizienzbedingungen sich immer rascher verändern, in dem zugleich die Reichweite traditionaler und identifikatorischer Bindungen beständig im Fluß ist und in dem die staatsbürgerliche Solidarität laufend neu hinterfragt bzw. durch die Umstände neu gefordert wird. Schließlich müssen die Bürger auch als Sicherheitsgemeinschaft die Zweckmäßigkeit ihres Staatsgebietes laufend neu bewerten. In einer solchen Welt wäre es reiner Zufall, wenn die vom Bürger gewünschten Staatsgrenzen in allen staatlichen Funktionsbereichen dieselben wären. Die politische Landkarte kann daher jeweils nur für einen dieser Bereiche zeitgemäß gestaltet werden. Wenn die Staaten sich ihre Grenzen hauptsächlich aus Sicht der Solidargemeinschaft geben, werden sie möglicherweise ineffizient und sicherheitspolitisch instabil, und sie schwächen ihre identifikatorische Basis. Wenn sie ihre Grenzen aus der Sicht der Währungs- oder Sicherheitsgemeinschaften ziehen, könnte der solidarische Zusammenhalt verlorengehen und traditionale Zusammengehörigkeiten zerschnitten werden. Ob beispielsweise aus Sicht der Schotten Schottland, die britische Insel, das Vereinigte Königreich oder Westeuropa das vorteilhafteste Staatsgebiet wäre, ist daher immer schwerer entscheidbar. Bestehende Staatsgrenzen lassen sich immer schwerer pauschal rechtfertigen, und aus demselben Grunde wird es schwerer, sich auf neue, angepaßte Grenzen zu einigen.

Dieses Dilemma ist in seinem Charakter nicht grundsätzlich neu. Es wurde aber bis in die jüngste Zeit allgemein als eine quasi naturgegebene gesellschaftliche Komplikation hingenommen. Gegebenenfalls die Priorität setzen zu müssen zwischen den Bedürfnissen der Effizienz-, der Solidar-, der Traditions- und der Identifikationsgemeinschaft und dementsprechend über Staatsgrenzen und Staatszugehörigkeiten zwiespältig zu entscheiden, erschien als schicksalhafte Bedingung des politischen Lebens. Dies ergab sich aus Eigenschaften des Staates, die allgemein für selbstverständlich erachtet wurden und die kaum jemand in Frage zu stellen wagte.

Die einzige Möglichkeit, eine bessere Übereinstimmung zwischen dem geographischen Zuständigkeitsgebiet der Institutionen und der geographischen Reichweite der politischen Aufgabenstellungen herzustellen, war bisher die internationale Koordination. Für einzelne Politikbereiche sind daher vielfältige Koordinierungsinstanzen geschaffen worden, in denen sich entsprechend den spezifischen Problemlagen sehr unterschiedliche Staatengruppierungen zusammengefunden haben. Der grenzüberschreitende Charakter, der immer mehr politischen Einzelproblemen zugeschrieben wird, hat auf diese Weise ein komplexes Geflecht kooperativer zwischenstaatlicher Institutionen entstehen lassen. Dies konnte dem politischem Handeln vereinzelt zu seiner eigentlich notwendigen, das einzelne Staatsgebiet überschreitenden Reichweite verhelfen. Insbesondere in der Wirtschaftspolitik und Sicherheitspolitik wurde auf diese Weise versucht, die Nachteile unzeitgemäß kleiner Staatsgebiete zu kompensieren. EG, EFTA, NATO, KSZE, EWS, IWF, OECD, WEU, UNO, GUS und andere gehören zu den Institutionen, die mit dieser Zielsetzung ins Leben gerufen wurden.

Diese Art internationaler Kooperation wird aber von immer mehr Bürgern und Politikern als ein unvollkommenes Mittel erkannt, um politisches Handeln von problemgerechter Reichweite zu gewährleisten. Unvollkommen ist sie insbesondere in der Fähigkeit, rechtzeitig auf akute politische Herausforderungen und auf einen schnellen Wechsel der Problemstellungen zu reagieren. Unter anderem in der Politik der Friedenssicherung, der koordinierten Wirtschaftshilfe für Krisenregionen oder der Konjunkturpolitik ließen sich hierfür zahlreiche aktuelle Beispiele anführen.

Noch ernüchternder sind die Ergebnisse der internationalen Kooperation im Umgang mit langfristigen politischen Problemen wie dem Umweltschutz oder der Eindämmung der Staatsverschuldung. Den internationalen Kooperationsgremien fehlt es an der dauerhaften kollektiven Handlungsfähigkeit, die für Erfolge auf diesem Gebiet notwendig wären. Zudem ist bei diesen Gremien die Bindung an den demokratischen Auftrag des einzelnen Bürgers schwächer als auf jeder anderen Ebene zeitgenössischer Politik. Nirgendwo sonst erscheinen dem Bürger die politischen Ergebnisse so zufallsbedingt und so losgelöst von den aktuellen Bedürfnissen.

Wenn wirklich alle Nachteile eines zu kleinen Staates durch zwischenstaatliche Kooperation ausgeglichen werden könnten, wären damit in der Tat die meisten Probleme der Staatsgröße lösbar. Dann könnten die Staaten zunächst einmal so weit verkleinert werden, bis sämtliche separatistischen Bedürfnisse erfüllt sind. Die Staatsgröße würde sich dann jeweils nach demjenigen Politikbereich richten, in dem die Bürger sich das kleinste Staatsgebiet wünschen. Die Koordination in den zwischenstaatlichen Institutionen würde dafür sorgen, daß die Risiken und Beschwerlichkeiten solcher Kleinstaaterei sich in engen Grenzen halten.

Nach allen bisherigen Erfahrungen mit internationalen Organisationen ist diese Anforderung aber nicht erfüllbar. Solche Organisationen – bzw. die in ihnen betriebene zwischenstaatliche Kooperation – sind nicht in der Lage, den fehlenden innerstaatlichen Zusammenhalt im notwendigen Maße zu ersetzen. Sie bieten daher auch keinen befriedigenden Ausweg aus dem staatsbürgerlichen Dilemma, sich für die Solidar-, Traditions-, Sicherheits- und Effizienzgemeinschaft jeweils spezifische Staatsgebiete zu wünschen, aber in all diesen Bereichen auf dieselbe Staatsgrenze festgelegt zu sein. Diesen Ausweg weist die Kooperation ebensowenig wie die Integration herkömmlicher Staaten. Ein Ausweg eröffnet sich nur auf dem Umweg über einen anderen als den herkömmlichen Staat, der andere als die herkömmlichen Formen von Integration und Kooperation möglich werden läßt.

Der herkömmliche Staat ist historisch als eine Institution gewachsen, die für die Gesamtheit der öffentlichen Aufgaben zuständig war und diese Gesamtzuständigkeit in ihren Spitzeninstitutionen zusammenfaßte. Regierungen und Parlamente wurden im allgemeinen so konzipiert, daß sie den Staat zugleich als Effizienz- und Sicherheitsgemeinschaft, als Solidargemeinschaft, als Traditionsgemeinschaft und auch als Identifikationsgemeinschaft verkörperten. Auch heute noch steht der Staat dem Bürger als eine solche zusammenhängende institutionelle Einheit gegenüber. Deren Merkmal ist die allumfassende, universelle politische Zuständigkeit, die hier kurz als *Allzuständigkeit* bezeichnet werden soll. Das herkömmliche Staatswesen wird dementsprechend im folgenden als *allzuständiger Universalstaat* bezeichnet. (Zum Begriff der Allzuständigkeit s. auch B. Wehner, Die Katastrophen der Demokratie, Darmstadt 1992, S. 32ff.)

Ein in diesem Sinne allzuständiger Staat hat auf seinem jeweiligen Territorium das Monopol für die Wahrnehmung aller öffentlichen Aufgaben. Er läßt andere Staaten in keinem seiner Funktionsbereiche in dieses Territorium hineinregieren. Er läßt es auch nicht zu, daß sich auf seinem Staatsgebiet andere, eigenständige Institutionen bilden, die einen Teil der öffentlichen Aufgaben quasi als Parallelstaaten wahrnehmen.

In der herkömmlichen Demokratie hat dies u. a. zur Folge, daß der Bürger sich auf eine einspurige Interaktion mit seinem Staatswesen beschränken muß. Die demokratische Einwirkungsmöglichkeit besteht im allgemeinen nur darin, für den einen, allzuständigen Staat das zugehörige einzige Parlament und evtl. den zugehörigen einzigen Staatschef zu wählen. Der Bürger hat nicht die Möglichkeit, als Mitglied der Solidar-, Effizienz- und anderer Funktionsgemeinschaften eigenständig zu votieren und seine spezifischen Motive in diese Bereiche gezielt einzubringen. Der demokratische Wahlakt, mit dem die staatlichen Spitzeninstanzen berufen werden, bezieht sich auf den Staat in all seinen Funktionen zugleich, und er nimmt daher auf die einzelnen Funktionsbereiche nur sehr indirekten Einfluß.

Dieser Staatsform kommen gewiß bedeutende historische Verdienste zu. In ihrer Grundkonzeption blieb sie zwar dem autokratisch beherrschten Staat nachempfunden, an dessen Spitze eine Einzelperson mit unbeschränkter Macht- bzw. Zuständigkeitsfülle stand. Sie war aber die natürliche Übergangslösung, die eine relativ reibungslose Überführung des autokratischen Staates in die Demokratie möglich machte. Darüber hinaus hat sie auch staatliche Handlungsfähigkeit und Wehrhaftigkeit in einer Weise sichern helfen, wie es im Umgang mit inneren und äußeren Feinden der Demokratie zeitweise unerläßlich gewesen sein mag. Die Allzuständigkeit der Staatsführung bot die Gewähr dafür, daß im Notfall der gesamte Staat nach autokratischem Vorbild in den Dienst der politischen Krisenabwehr gestellt werden konnte. Der Durchsetzung der Demokratie im innerstaatlichen und zwischenstaatlichen Konkurrenzkampf könnte dies in einigen kritischen Situationen durchaus von Nutzen gewesen sein.

Diese Art staatlicher Handlungsfähigkeit verliert aber im zeitgenössischen politischen Umfeld zunehmend an Bedeutung. Ein Grund hierfür liegt in der inneren und äußeren Befriedigung der Demokratie, die die politische Aufmerksamkeit auf andere Qualitäten des Staatswesens lenkt. Der zweite Grund ist die andauernde Ausweitung und Diversifizierung der politischen Problemlandschaft. Diese Problemlandschaft konfrontiert den Gesamtstaat mit einem immer komplexer werdenden Aufgabenfeld, und sie stellt damit die allzuständigen staatlichen Spitzeninstanzen vor immer höhere Anforderungen. Die Unterstellung, allzuständige Politiker oder Gremien könnten ihre Sachkompetenz in einem derart wachsenden Aufgabenspektrum unbeschadet behaupten, wird unter diesen Umständen immer illusorischer. Zugleich wird die Gefahr der Überforderung durch die herrschende Problemlage immer akuter. In den meisten demokratischen Ländern hat sich in der politischen Öffentlichkeit bereits eine spürbare Sensibilität für dieses Überforderungsproblem entwickelt.

Die Überforderung, die an der Spitze des allzuständigen Staates entsteht, wirkt sich letzten Endes auf alle Politikbereiche negativ aus. Nicht selten sieht man die verfügbaren politischen Fähigkeiten bereits an der Aufgabe scheitern, die Bedürfnisse der Bürger in politische Prioritäten bei der staatlichen Ausgabenplanung umzusetzen. Am auffälligsten ist die Überforderung aber bei den langfristigen politischen Aufgaben wie bei der Bewahrung der Umwelt, dem schonenden Umgang mit erschöpflichen Ressourcen, der Stabilisierung der Staatshaushalte, der Sicherung des Geldwertes und der dauerhaften Einhaltung des verteilungspolitischen Konsenses. Im Umgang mit diesen Problemen zeigt die Führungsspitze des herkömmlichen Universalstaates die größten Unzulänglichkeiten.

Diese Unzulänglichkeiten waren der herkömmlichen Demokratie zwar von Anfang an in die Wiege gelegt, blieben aber lange Zeit fast folgenlos und wurden daher mit gewisser Berechtigung kaum beachtet. Bei der Schöpfung der demokratischen Staatsverfassungen waren einige der langfristigen Probleme, denen demokratische Staaten sich heute nicht gewachsen zeigen, noch nicht präsent oder zumindest noch nicht auf die politische Tagesordnung gelangt. Genau diese Probleme nehmen aber einen immer höheren Platz in der geltenden politischen Wertehierarchie ein. Die Bürger reagieren daher auf das politische Versagen im langfristigen Aufgabenbereich mit einem wachsenden Unbehagen gegenüber den demokratischen Spitzeninstanzen. Dies äußert sich zunächst in einer relativ diffusen, unspezifischen Politikverdrossenheit.

Aus dieser Verdrossenheit entwickelt sich aber auch die Bereitschaft, mit dem gewohnten demokratischen Verfahren kritischer umzugehen. Angesichts des alltäglichen Schauspiels der politischen Überforderung liegt es nahe, daß die Kritik sich früher oder später gegen das Universalstaatsprinzip und damit gegen die Allzuständigkeit der Staatsführung richtet. Wenn der Bürger den staatlichen Spitzeninstanzen nicht mehr jene universelle Kompetenz zutraut, aus der sich die universelle Zuständigkeit rechtfertigen würde, entsteht Bedarf nach anderen politischen Zuständigkeitsverteilungen. Dann müssen andere Wege gefunden werden, die organisatorischen Strukturen der Demokratie mit den veränderten Problemlagen und Wertvorstellungen in Übereinstimmung zu bringen.

Das Organisationsprinzip des allzuständigen Staates und seiner einspurigen Demokratie ist bereits so zur Selbstverständlichkeit geworden, daß die politische Intuition hiervon nur mit Mühe abzubringen ist. Eine gewisse gefühlsmäßige Bestätigung findet dieses Prinzip auch darin, daß es den natürlichen Organisationsformen menschlicher Kleingruppen nachempfunden ist. Daß auch in Wirtschaftsunternehmen im allgemeinen eine allzuständige Führungsspitze besteht, scheint ein weiteres intuitives Argument für die herkömmliche Staatsform zu sein. Bei der Anwendung solcher intuitiven Einsichten über Kleingruppen und Unternehmen auf den Staat wird aber übersehen, daß für den staatlichen Bereich andersartige Funktionsbedingungen gelten. An den intuitiven Vorbehalten aus der Erfahrungswelt der Wirtschaft und des Privatlebens darf die gesuchte neue Staatsform, die die Überforderungen abbauen und einen besseren Umgang mit dem Staatsgrenzenproblem gewährleisten soll, nicht gemessen werden.

Zum demokratischen Universalstaat mit seiner allzuständigen Staatsführung gibt es nur eine im Grundprinzip andersartige Alternative. Diese Alternative besteht darin, einzelne staatliche Funktionsbereiche – und damit einzelne Politikfelder – aus dem herkömmlichen Parlament und der Regierung herauszulösen und sie eigenständig zu institutionalisieren. Für jedes dieser Politikfelder wäre demnach eine staatliche Instanz zu schaffen, die allein zuständig ist und unabhängig entscheiden kann. Es dürfte keine übergeordnete Instanz geben, die in deren Entscheidungsfreiheit eingreifen kann. Jede solche übergeordnete Instanz hätte allzuständigen Charakter im obigen, universalstaatlichen Sinne, und sie wäre mit den zugehörigen Nachteilen behaftet.

Herauslösbar aus der Zuständigkeit des Universalstaates wäre z.B. eine unabhängige Instanz für die Geld- und Währungspolitik. Eine solche Instanz könnte unabhängig von aller herkömmlichen Politik dafür Sorge tragen, daß die Stabilität des Geldwertes gesichert wird. Sie könnte eine Art eigenständigen Geld-Staat verkörpern, der innerhalb seiner fachlichen Zuständigkeit allein entscheidet und damit den allzuständigen Staat in einem ersten Bereich von seiner Überforderung befreit. Ein solcher Geld-Staat müßte letzten Endes natürlich auch über eine eigenständige demokratische Legitimation verfügen.

Das Beispiel der Geldpolitik ist hier von besonderer Bedeutung, weil in einigen Ländern bereits Ansätze zu einem solchen eigenständigen Geld-Staat – und damit zur Abkehr von der Allzuständigkeit der Staatsführung – realisiert sind. Der Zentralbankrat in Deutschland beispielsweise ist eine weitgehend verselbständigte Instanz, die ihre Entscheidungen unabhängig vom übrigen politischen Tagesgeschäft treffen kann. Ähnliches gilt für die obersten Organe der Geldpolitik in einer Reihe anderer Staaten. Die Mitglieder des Zentralbankrates werden zwar noch von universalstaatlichen Instanzen gewählt, sie sind nach dieser Wahl aber für lange Amtsperioden fast vollständig dem Einfluß von Parlament und Regierung enthoben. Insofern stellt die Institution des Zentralbankrates eine erste, bedeutende Ausnahme vom Prinzip der Allzuständigkeit dar.

Die in demokratischen Staaten bisher geschaffenen unabhängigen Zentralbanken haben in ihrer geldpolitischen Aufgabe der Währungssicherung überdurchschnittlich gute Erfolge aufzuweisen. In jüngster Zeit hat sich die Überzeugung verbreitet, daß die Unabhängigkeit der Geldpolitik die wichtigste Voraussetzung für diese Erfolge war. Diese Überzeugung hat sich auch auf gesamteuropäischer Ebene durchgesetzt und die Konzeption für die geplante Europäische Zentralbank wesentlich geformt.

Wenn die politische Unabhängigkeit als das entscheidende Erfolgskriterium der Geldpolitik erkannt ist, dann müßte diese Erkenntnis konsequenterweise auch auf das Wahlverfahren für die geldpolitischen Entscheidungsträger Anwendung finden. Um den Zentralbankrat noch unabhängiger und seine Politik damit noch erfolgreicher zu machen, müßten seine Mitglieder aus einem eigenständigen demokratischen Entscheidungsprozeß hervorgehen, statt in herkömmlicher Weise von allzuständigen Parlamenten und Staats- oder Regierungschefs ernannt zu werden.

Im Falle der Zentralbankratsmitglieder wäre die Direktwahl durch die Bürger vermutlich nicht das vorteilhafteste Verfahren, um die kompetentesten Kandidaten zu bestimmen. Der wichtigste Grund hierfür ist, daß geldpolitische Kompetenz sich im direkten, wahlkampfartigen Wettbewerb um die Gunst der Bürger schwer offenbart. Sie ist eine Eigenschaft, über die im engeren Expertenkreis besser Rechenschaft abgelegt werden und die von einem solchen Kreis daher auch besser eingeschätzt werden kann. Eine unabhängige Geldpolitik sollte daher mit einem eigenen parlamentarischen Unterbau ausgestattet werden, dessen Hauptaufgabe die Bestellung der Zentralbankratsmitglieder wäre. Es müßte also ein geldpolitisches Parlament eingerichtet werden, über dessen Zusammensetzung in direkter demokratischer Wahl von den Bürgern entschieden wird. Aus der Ausnahme vom Prinzip der staatlichen Allzuständigkeit würde sich damit auch eine erste Ausnahme vom einspurigen demokratischen Verfahren ergeben. Die Geldpolitik wäre ein Bereich, in den die Bürger mit ihrem Votum unmittelbar eingreifen könnten, ohne den Umweg über die Wahl allzuständiger Parlamente oder Staatsoberhäupter nehmen zu müssen.

Die Erfolgsgeschichte des geldpolitischen Institutionenmodells gibt Anlaß, auch außerhalb der Geldpolitik nach Möglichkeiten zur Abspaltung unabhängiger Staatsinstanzen zu suchen. Der mit einem parlamentarischen Unterbau ausgestattete Zentralbankrat könnte das Vorbild für weitere Abspaltungen vom allzuständigen Staat herkömmlicher Prägung sein. Nach diesem Vorbild wäre der Staat in mehrere eigenständige Sparten aufzuteilen, die ihre politischen Aufgaben unabhängig voneinander wahrnehmen. Aus dem herkömmlichen Universalstaat entstünde auf diese Weise eine Gruppierung spezialisierter, politisch eigenständiger Institutionen, die im folgenden als *Spartenstaaten* bezeichnet werden. (Einige dieser Spartenstaaten sind keine Staaten im üblichen Sinne, da sie kein Staatsgebiet und keine Staatsgewalt aufzuweisen haben. Sie werden daher alternativ auch Sparten*gemeinschaften* genannt.)

Eine bessere Politik verspricht diese Aufspaltung des Staates in erster Linie deswegen, weil die Überforderungen der Allzuständigkeit abgebaut werden und weil sich in allen Einzelsparten eine politische Handlungskompetenz herausbilden würde, wie sie schon in der Vergangenheit von den unabhängigen Zentralbankräten demonstriert wurde. Dies wäre nicht nur ein erster Ansatzpunkt zur Überwindung der Politikverdrossenheit und zu einem neuen, vitaleren demokratischen Engagement der Bürger. Er ließe auch das Problem der Staatsgrenzen und Staatszugehörigkeiten in einem völlig anderen Licht erscheinen. Für dieses Problem würden sich im Rahmen einer eigenständigen Spartenpolitik vielfältigere Möglichkeiten eröffnen.

Eigene Staatsgrenzen für eigenständige Staatssparten

Der Auftrag zu einer unabhängigen Geldpolitik, der dem Zentralbankrat in einigen demokratischen Staaten zugestanden wird, reicht über die Grenzen dieser Staaten nicht hinaus. Der Zentralbankrat kann nicht mit anderen Zentralbanken bzw. anderen Staaten über die Staatsgrenze hinweg Politik betreiben. Die Entscheidung über die Fixierung von Wechselkursen gegenüber fremden Währungen beispielsweise obliegt nicht ihm, sondern der Regierung. Vor allem aber fehlt ihm die Befugnis, über die Zweckmäßigkeit der Grenzen seines Währungsgebietes zu befinden und zwischenstaatliche Vereinbarungen über eventuelle Änderungen dieser Grenzen zu treffen. Insbesondere kann er mit anderen Zentralbanken keine eigenen Verträge über die Übernahme einer fremden oder die Einführung einer gemeinsamen neuen Währung schließen. Er ist also auf das bestehende Staatsgebiet als Währungsgebiet verpflichtet und ebenso auf die bestehende Währung. Hieran könnte er auch dann nichts ändern, wenn er sich des Einvernehmens mit den Bürgern vollkommen sicher wäre.

Für diese außenpolitische Beschränkung der geldpolitischen Eigenständigkeit gibt es im herkömmlichen demokratischen Kontext natürlich gute Gründe. Da die Geldpolitik ihren demokratischen Auftrag letzten Endes von den gewählten Regierungen und Parlamenten herleitet, kann sie sich nur auf deren Auftrag und nicht auf einen unmittelbaren Bürgerauftrag berufen. Sie kann daher keine freie Hand in der Wahl ihrer politischen Ziele bekommen, sondern sie ist verpflichtet, ihren unabhängigen Sachverstand im Einklang mit den Zielen von Parlament und Regierung einzusetzen. Freie Hand kann sie nur in der Wahl der Mittel haben, mit denen sie ein demokratisch beschlossenes Ziel wie die Sicherheit der Währungsstabilität verfolgt. Eine weitergehende – und damit auch eine außenpolitische – Handlungsbefugnis bleibt den Zentralbankräten wegen ihrer begrenzten demokratischen Legitimation verwehrt.

Dieser Mangel an demokratischer Legitimation wäre aber bereits dadurch behoben, daß den Zentralbankräten ein parlamentarischer Unterbau in Form eines von den Bürgern gewählten Fachparlamentes für Geldpolitik zuteil wird. Wenn die Mitglieder der Zentralbankräte von diesen Fachparlamenten gewählt würden, wäre auch personalpolitisch eine vollständige Unabhängigkeit der Geldpolitik gewährleistet. Mit dieser Verbindung von Geldparlament und Zentralbankrat hätte die Geldpolitik eine eindeutige Legitimation aufzuweisen, die auch auf außenpolitische Grundsatzentscheidungen im Währungsbereich zu beziehen ist. Insbesondere die Entscheidung über Erweiterungen oder Aufspaltungen des Währungsgebietes wären bei diesen eigenständigen geldpolitischen Institutionen gut und demokratisch aufgehoben. Es wäre für eine engere Orientierung am fachlichen Sachverstand und zugleich am Willen des Bürgers gesorgt, als dies in den herkömmlichen Institutionen der Fall ist. Ein Zentralbankrat, der in dieser Weise parlamentarisch untermauert und außenpolitisch handlungsfähig wäre, soll im folgenden als *Währungsrat* bezeichnet werden. Dementsprechend wäre der Spartenstaat, dessen Institutionen das Währungsparlament und der Währungsrat sind, *Währungsstaat* zu nennen.

Ein demokratisch gewählter deutscher Währungsrat könnte beispielsweise zusammen mit dem österreichischen eine gemeinsame Währungsunion beschließen, die dann von den beteiligten Fachparlamenten zu ratifizieren wäre. Ein belgischer Währungsrat könnte beschließen, sein Währungsgebiet aufzuspalten und die aufgespaltene Zuständigkeit auf einen flämischen und einen wallonischen Währungsrat zu übertragen. Die skandinavischen Währungsräte und ihr Parlament könnten miteinander fusionieren und damit ein integriertes skandinavisches Währungsgebiet schaffen. Gleiches könnten die Währungsinstitutionen der USA und Kanadas, Spanien und Portugals, Deutschlands und Frankreichs und der Niederlande tun. Alle vernünftigen und unvernünftigen außenpolitischen Maßnahmen, für die es in der Währungspolitik demokratischen Rückhalt gäbe, lägen im Bereich des Möglichen.

Eine solche demokratisch legitimierte Außenpolitik der Währungsräte und -parlamente ist der Modellfall, der den Weg zu einem zeitgemäßen Umgang mit dem Staatsgrenzenproblem weisen könnte. Wenn die Geldpolitik in mehreren benachbarten Ländern auf diese Weise institutionalisiert wäre, dann wären damit in einem ersten verselbständigten Politikbereich die Voraussetzungen für die eigenständige Entwicklung von Staatsgebieten geschaffen. Die Währungsräte könnten die Bedürfnisse der Bürger in dieser Frage unabhängig von allen anderen Bereichen der Politik umsetzen. Der demokratische Auftrag, effiziente Währungsgebiete zu schaffen, die die geographischen Grenzen des geldpolitischen Vertrauens ausschöpfen, würde viel unmittelbarer in praktische Politik umgesetzt, als dies bisher vorstellbar erscheint.

Für die Verselbständigung der Geldpolitik, wie sie mit der Unabhängigkeit der Zentralbank ansatzweise realisiert ist, gab es ursprünglich rein innerstaatliche Gründe. Der allzuständige Staat hatte sich der Aufgabe, die Währung im eigenen Lande zu sichern, nicht gewachsen gezeigt und sollte von dieser Aufgabe entlastet werden. Inzwischen ist mit dem Staatsgrenzenproblem in der Währungspolitik ein neuer Überforderungstatbestand hinzugekommen. Die Übereinstimmung des herkömmlichen Staatsgebietes mit dem Währungsgebiet wird zunehmend als ineffizient empfunden, aber die zuständigen Regierungen zeigen sich nicht imstande, dieses Problem im demokratischen Sinne zu lösen. Auch diese neue Überforderung könnte behoben werden, wenn die Zuständigkeit auf währungspolitische Spartenstaaten übertragen würde. Innerstaatliche Probleme und das Staatsgrenzenproblem sprechen daher gleichermaßen für die vollständige Verselbständigung der Geld- und Währungspolitik in einem Währungsstaat.

Das Problem der politischen Überforderung ist in den meisten anderen Bereichen der Politik ähnlich akut, und es hat überwiegend auch ähnliche Ursachen. Ähnlich ist daher auch der Lösungsweg, der einen Abbau der Überforderungen verspricht. Auch in anderen Bereichen läßt sich die politische Zuständigkeit aus dem Universalstaat herauslösen und auf neu zu schaffende, eigenständige Spartenstaaten übertragen. Zu den Politikbereichen, die hierfür in Frage kommen, gehören beispielsweise die Umweltpolitik, die Einwanderungs- und Bevölkerungspolitik sowie die Konjunkturpolitik. Auch die Kontrolle über das Volumen der Staatsausgaben ist als eigenständige Staatssparte institutionalisierbar. (Eine detaillierte Begründung hierzu findet sich in B. Wehner, Die Katastrophen der Demokratie, Darmstadt 1992, S. 49ff., S. 103.)

Die Überforderung durch die innerstaatlichen Probleme ist natürlich nicht notwendigerweise in denselben Politikbereichen akut wie die Überforderung durch das Staatsgrenzenproblem. Um die eine oder die andere Überforderung abzubauen, kann daher die Verselbständigung sehr unterschiedlicher Staatssparten mit unterschiedlichen Aufgabenabgrenzungen notwendig sein. Aus der Sicht des Staatsgrenzenproblems wären neben der Geldpolitik all jene Bereiche zu verselbständigen, in denen der Wille zur staatlichen Zusammengehörigkeit eine eigenständige Reichweite hat. Nur auf diese Weise wäre gewährleistet, daß über die Zusammengehörigkeitsbedürfnisse der Staatsbürger differenziert entschieden werden kann, daß also beispielsweise der demokratische Wille zur gemeinsamen Währungs- und Sicherheitspolitik und der ebenso demokratische Wille zur getrennten Sozial-, Kultur- oder Umweltpolitik unabhängig voneinander umgesetzt werden können.

Unterschiedliche Bedürfnisse in Sachen staatlicher Zusammengehörigkeit bilden sich aus den unterschiedlichen Interessen in den Bereichen Effizienz, Tradition, Identifikation und Solidarität. Aus dieser Sicht müßten die Bürger sich als Effizienzgemeinschaft, als Identifikationsgemeinschaft, als Traditionsgemeinschaft und als Solidargemeinschaft in jeweils eigenständigen Spartenstaaten organisieren. Sie müßten neben dem Währungsstaat einen eigenständigen Sicherheitsstaat einrichten, einen Identifikationsstaat, einen Kultur- und Bildungsstaat als Hüter der Traditionen und einen Solidarstaat als alleinige Instanz der Umverteilungspolitik. Vom Universalstaat bliebe dann das Rumpfgebilde eines Verwaltungsstaates übrig, der alle verbleibenden politischen Aufgaben wahrzunehmen hätte. Jeder dieser Spartenstaaten müßte befugt sein, seine eigene Staatsgrenzenpolitik zu betreiben.

Würde die Verselbständigung dieser Sparten nach dem oben skizzierten Institutionenmodell der Geldpolitik vorgenommen, dann müßten analog zum Währungsrat als weitere oberste Entscheidungsinstanzen ein Sicherheitsrat, ein Solidar- bzw. Verteilungsrat, ein Kultur- und Bildungsrat und ein Identifikationsrat geschaffen werden. Jeder dieser Räte würde aus einem zugehörigen, seinerseits politisch unabhängigen und direkt gewählten Fachparlament hervorgehen. Das herkömmliche Parlament und die herkömmliche Regierung würden mit den verbleibenden Restzuständigkeiten den Verwaltungsstaat verkörpern. (Zur Aufgabenabgrenzung der Kultur- und Bildungssparte s. Anm. 2, S. 151.)

Der Bürger hätte hiermit für jeden der oben beschriebenen staatsbürgerlichen Bedürfnisbereiche einen eigenständigen politischen Adressaten. Er könnte seine identifikatorischen und traditionalen Bedürfnisse, sein Solidarempfinden und seine verschiedenen Effizienzinteressen unabhängig voneinander in demokratische Entscheidungsprozesse einbringen. Auf diesem arbeitsteiligen politischen Arrangement ergibt sich damit ein mehrspuriges Demokratiekonzept, wie es in der nachfolgenden Abb. 1 (S. 54/55) dargestellt ist.

Mit diesem Konzept wären nicht nur die Grundlagen geschaffen, um für den Solidarstaat, den Identifikationsstaat, den Kulturstaat, den Sicherheitsstaat, den Währungsstaat und den Verwaltungsstaat auf demokratische Weise eigenständige Staatsgrenzen zu bestimmen. Dieses Konzept zeigt sich in der noch zu beschreibenden organisatorischen Ausgestaltung auch mit den innerstaatlichen organisatorischen Erfordernissen in Einklang. Es erweist sich als finanztechnisch realisierbar und frei von Zuständigkeitsüberschneidungen, die Konflikte zwischen den einzelnen Staatssparten befürchten ließen. (Innerhalb des Verwaltungsstaates wäre eine weitere Aufteilung in unabhängige Sparten vorzunehmen. Siehe hierzu Anm. 3 und Abb. 1 a, S. 152. Zur Aufgabenteilung zwischen Militärrat und Friedensrat s. Anm. 4, S. 152. Zur Zuständigkeit für die Konjunkturpolitik s. Anm. 5, S. 153.)

Damit der Bürger seinen Gestaltungsspielraum in einer solchen mehrspurigen Demokratie vollständig nutzen kann, müßte entsprechend der funktionellen Aufspaltung des Staates auch die staatsbürgerliche Zugehörigkeit aufgespalten werden. Jede selbständige Sparte müßte ihre eigenen Teil-Staatsbürgerschaften verleihen, aus denen auch das zugehörige Teil-Wahlrecht abgeleitet würde. Die bisherige 'ganzheitliche' Staatsbürgerschaft würde damit aufgelöst in separate Mitgliedschaften bei der Solidar-, Traditions- und den sonstigen Staatssparten. Anfänglich würden hierdurch Staatssparten mit kongruenten Staatsgebieten entstehen. Für alle Sparten würde zunächst also die gleiche politische Landkarte gelten. Diese Kongruenz würde der demokratischen Entwicklung jedoch nicht lange standhalten.

Einer Aufspaltung der Staatsbürgerschaft im mehrere spartenbezogene Einzelmitgliedschaften würden manche Bürger zunächst einmal reserviert gegenüberstehen. Nicht nur die Entflechtung der

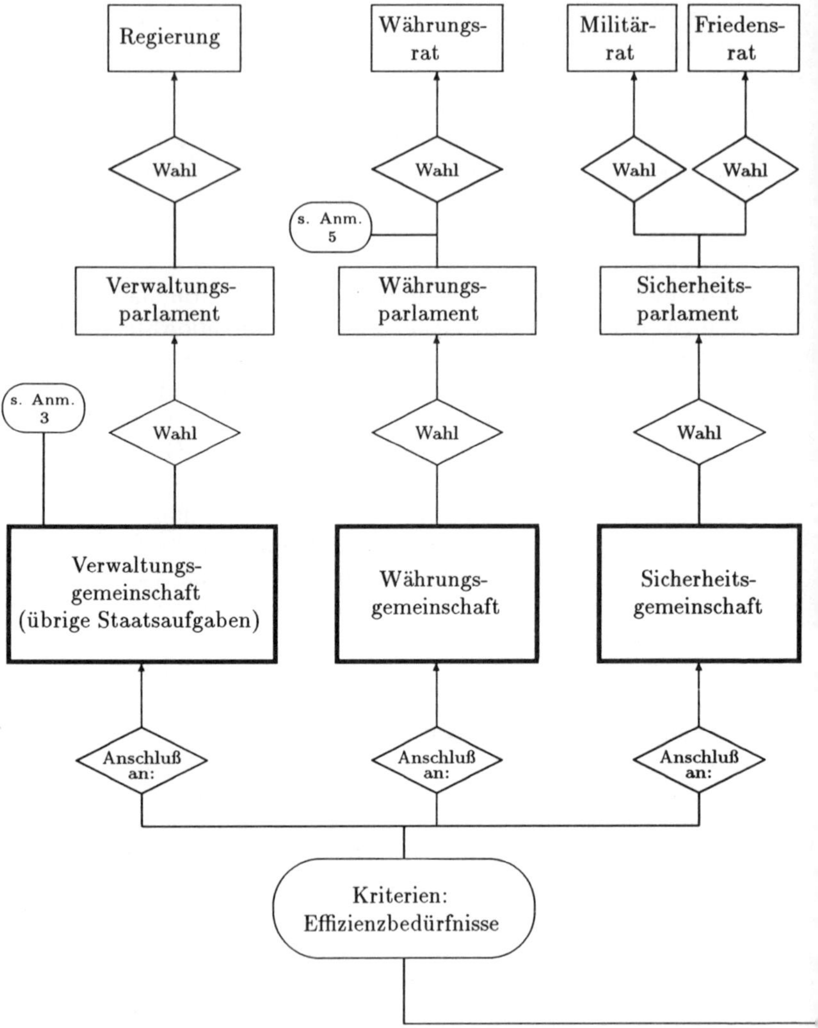

Abb. 1: Das System der selbständigen Spartenstaaten und der mehrspurigen Demokratie.

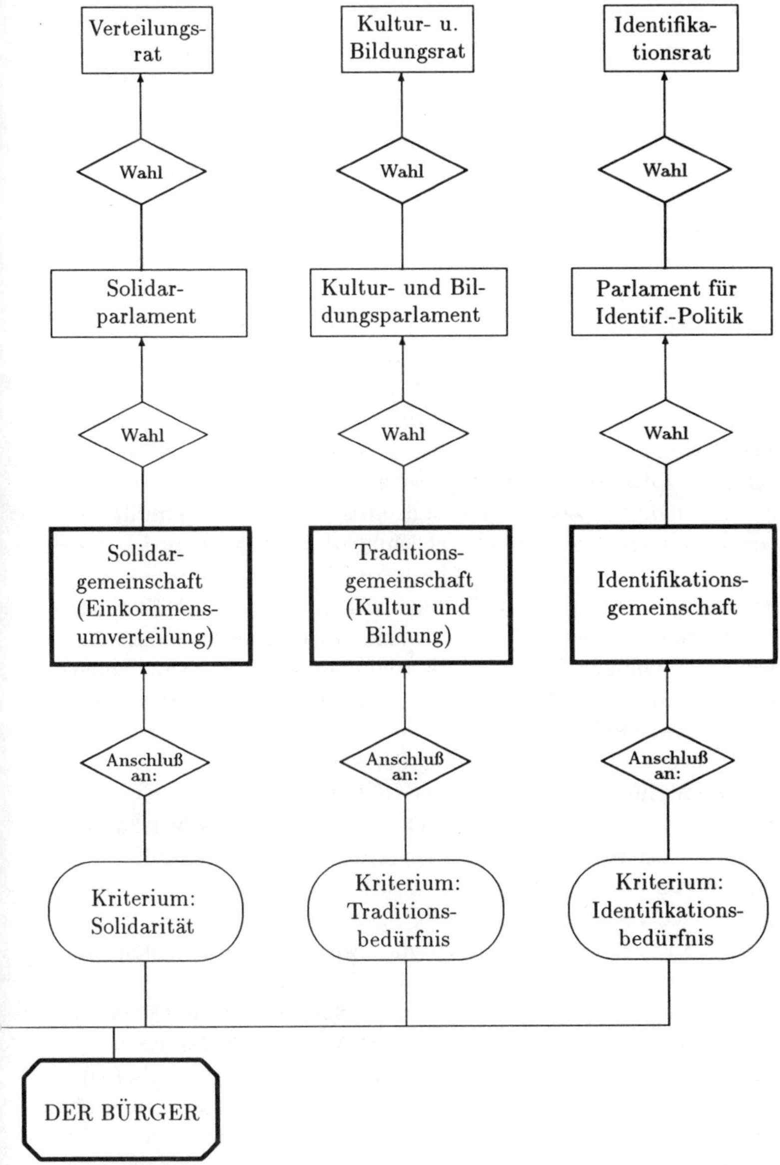
Verteilungs-rat
Kultur- u. Bildungsrat
Identifika-tionsrat
Wahl
Wahl
Wahl
Solidar-parlament
Kultur- und Bildungsparlament
Parlament für Identif.-Politik
Wahl
Wahl
Wahl
Solidar-gemeinschaft (Einkommens-umverteilung)
Traditions-gemeinschaft (Kultur und Bildung)
Identifikations-gemeinschaft
Anschluß an:
Anschluß an:
Anschluß an:
Kriterium: Solidarität
Kriterium: Traditions-bedürfnis
Kriterium: Identifikations-bedürfnis
DER BÜRGER

persönlichen staatsbürgerlichen Identität würde ihnen ein gewisses Unbehagen bereiten, sondern sie würden einen solchen Eingriff in gewohnte staatliche Organisationsformen auch als risikobehaftetes gesellschaftliches Experiment empfinden.

Dieser Eingriff ist aber in seinem Charakter keineswegs so neuartig, wie es aufgrund der jahrhundertelangen Gewöhnung an die ganzheitliche Staatsbürgerschaft erscheinen mag. Er ist im Prinzip nichts anderes, als es einstmals die Abspaltung der Kirchenmitgliedschaft von einer zwangsgekoppelten Mitgliedschaft in Staat und Staatskirche war. Er stellt kein ungewöhnlicheres gesellschaftliches Experiment dar als die Trennung von Kirche und Staat, und auch in seiner ideologischen Tragweite ist er mit dieser Trennung durchaus vergleichbar. Er belastet die Politik nicht mit neuen und höheren organisatorischen Anforderungen, sondern er ermöglicht, wie noch zu zeigen sein wird, durchgreifende organisatorische Vereinfachungen des Staatswesens.

Die Analogie zwischen der staatsentkoppelten Kirchenmitgliedschaft und der verselbständigten Mitgliedschaft in einem Spartenstaat bietet sich besonders für die Bereiche Identifikation und Tradition an. Als Staatskirche war die Kirche den kulturellen und identifikatorischen Bereichen des Staates zuzurechnen, und sie hat in gewissem Umfang zumeist auch Bildungsfunktionen wahrgenommen. Mit der Verselbständigung der Kirche wurde bereits ein Teil dieser Zuständigkeitsbereiche aus dem allzuständigen Universalstaat ausgegliedert. Die Ausgliederung der übrigen, beim Staat verbliebenen Identifikations-, Kultur- und Bildungspolitik in eigenständige Spartenstaaten wäre daher nur ein konsequenter Folgeschritt zur Abschaffung der Staatskirche. Sie wäre es auch insofern, als sie den Mißbrauch von Kultur, Bildung und identifikatorischen Bindungen für ideologische Ziele anderer Politiksparten endgültig unterbinden würde. Nach aller historischen Erfahrung ist die Gefahr solchen Mißbrauchs in allzuständigen Staaten nie ganz auszuschließen.

Nicht nur das Organigramm des Staates, sondern das gesamte politische Leben würde sich durch eine Aufspaltung der Staatsbürgerschaft auf vielfältige Weise wandeln. Vieles hinge hierbei von weiteren Details des Wahlrechts und der Staatsfinanzierung ab sowie von den Regeln, die für den zwischenstaatlichen Umgang in den verschiedenen Politiksparten aufzustellen sind. Unabhängig davon lassen sich aber einige wichtige Veränderungen des politischen Bewußtseins und Verhaltens voraussagen, die von einer solchen Aufspaltung ausgelöst würden. Zu diesen Veränderungen gehört die Schwächung nationalistischer Reflexe, wie sie beispielsweise in Osteuropa so unerwartet stark – und scheinbar anachronistisch – hervorgetreten sind.

Diese Reflexe würden allein dadurch beträchtlich entschärft, daß mit der Aufgliederung der Staatsbürgerschaft in Spartenmitgliedschaften ein spartenbezogenes politisches Problembewußtsein erzwungen würde. Der Bürger könnte nicht mehr umhin, sich zu den einzelnen Feldern der Politik, auf die er als Wahlbürger getrennt voneinander einwirkt, gesonderte Urteile zu bilden. Er könnte sich nicht mehr damit begnügen, aus ideologischen Vorurteilen oder tagespolitischen Stimmungslagen ein pauschales Ja oder Nein zur aktuellen Politik der Regierung herzuleiten. Auch in der Frage der Staatsgrenze und Staatszugehörigkeit wäre er gezwungen, in jeder Politiksparte, für die es eigenständige Spartenstaaten gibt, eine spezifische Meinungsbildung zu betreiben. Wenn er beispielsweise nationalistischer Separatist sein wollte, müßte er wissen, ob dies nur für den traditionalen, den identifikatorischen, den verteilungspolitischen, den sicherheitspolitischen oder den währungspolitischen Bereich gelten soll, für mehrere dieser Bereiche oder für alle zusammen.

Nationalisten und Separatisten könnten unter diesen Umständen nicht mehr mit jener Selbstverständlichkeit für das Staatswesen als ganzes sprechen, mit der dies z. B. in Osteuropa in jüngster Zeit geschehen ist. Man würde es nicht mehr ohne weiteres für opportun halten, daß die Korrektur von Grenzen und die Errichtung neuer Staaten sich auf alle staatlichen Funktionsbereiche erstreckt. Separatistische – und analog irredentistische – Impulse würden nicht mehr in der kompromißlosen Forderung münden, sich zugleich als Solidargemeinschaft, Effizienzgemeinschaft, Traditionsgemeinschaft und Identifikationsgemeinschaft vom bestehenden Staatswesen loszusagen und gleichermaßen auf eigenen Streitkräften, eigener Währung, eigener Sozialpolitik, eigenem Strafrecht, eigener Einwanderungspolitik, eigener Umweltpolitik, eigener Fiskalpolitik und anderen Eigenständigkeiten zu bestehen. Selbst die heißblütigsten Separatisten würden nicht mehr automatisch für alle Sparten dem Übertritt in einen neu zu gründenden Separatstaat das Wort reden.

Mit der Überwindung der im bisherigen Staatsverständnis angelegten separatistischen Kompromißlosigkeit wäre bereits ein erheblicher Abbau des Konfliktpotentials zwischen Staaten und Völkern erreicht. Kriegs- und Bürgerkriegsgefahren, wie sie sich in Osteuropa als unerwartet akut erwiesen haben, wären dementsprechend vermindert. Aber nicht nur Separatisten, Nationalisten oder Irredentisten wären zu einer Neuordnung ihres politischen Bewußtseins gezwungen. Es ist ein grundlegender Wandel im Umgang des Bürgers mit dem Staat, der sich auf der Grundlage einer aufgespaltenen Staatsbürgerschaft abzeichnet, und ein ebenso grundlegender Wandel im Verhältnis der Staaten zueinander. Ein Verhältnis von Staat zu Staat – und damit von Staatsvolk zu Staatsvolk – würde es im herkömmlichen Sinne nicht einmal mehr geben, weil es keine allzuständige staatliche Repräsentanz im Außenverhältnis mehr gäbe. Keine Instanz könnte sich mehr anmaßen, ein Staatsvolk in allen Belangen gegenüber anderen Staaten zu vertreten. Erst recht könnte keine einzelne Instanz sich mehr anmaßen, über Gewaltanwendung gegenüber anderen Staatsvölkern allein zu entscheiden.

Die gedankliche Grundlage all dessen wurde bereits mit der einstmaligen Trennung von Kirche und Staat gelegt. Es gilt nunmehr, das Prinzip dieser Trennung auf die gesamte Organisation des modernen Staates anzuwenden, wo immer hierfür ein demokratischer Konsens zu finden ist. Konsens besteht heute bei allen aufgeklärten Bürgern darüber, daß der Grundsatz des 'cuius regio, eius religio', also die vom Staat verordnete Zwangsmitgliedschaft in einer bestimmten Kirche und der Zwangsbeitrag zu deren Finanzierung, nicht mehr gelten darf. Als ebenso unzeitgemäß müssen nunmehr viele andere Zwangsmitgliedschaften durchschaut werden, die sich aus dem Universalstaatsprinzip ergeben.

Wessen Verwaltungsstaat, dessen Bildungssystem; wessen Bildungssystem, dessen Solidargemeinschaft; wessen Solidargemeinschaft, dessen Streitkräfte; wessen Streitkräfte, dessen Nationalmannschaft; wessen Nationalmannschaft, dessen Währung; wessen Währung, dessen Umweltpolitik; wessen Umweltpolitik, dessen Konjunkturpolitik; wessen Konjunkturpolitik, dessen Einwanderungs- und Bevölkerungspolitik: solche Koppelungen dürfen heute ebensowenig für selbstverständlich genommen werden wie das längst überwundene 'cuius regio, eius religio'. Wichtige inner-

und zwischenstaatliche Gründe sprechen dafür, diese Koppelungen kritisch zu überprüfen und sich der meisten von ihnen in absehbarer Zukunft zu entledigen.

Erfahrungen mit überlappenden Staatsgebieten

Die Aufspaltung der Staatsbürgerschaft zielt darauf ab, daß Solidar-, Effizienz-, Traditions- und Identifikationsgemeinschaft sich mit demokratischer Legitimation unabhängig voneinander ausbreiten und verkleinern können. Wenn dies geschieht, wird die herkömmliche politische Landkarte, die die Grenzen allzuständiger Staaten abbildet, abgelöst von mehreren spartenspezifischen Karten, die jeweils nur für einen bestimmten Politikbereich Gültigkeit haben.

Ein solches Ziel steht natürlich im Widerspruch zu fast allen gewohnten Vorstellungen über nationale und internationale Politik. Es widerspricht insbesondere einem politischen Ordnungssinn, der sich an übersichtlichen Macht-, Einfluß- und Interessenkonstellationen zwischen Völkern und Staaten orientiert. Der gängige außenpolitische Diskurs, wie er in Publizistik, Wissenschaft und politischer Praxis geführt wird, ist bis heute fast ausnahmslos von dieser Art Ordnungssinn geprägt. Er macht die Staatsvölker, die in allen grenzüberschreitenden Fragen über eine allzuständige politische Repräsentanz in Beziehung treten, zu personenähnlichen politischen Akteuren, und er stellt die Beziehungen zwischen Staaten wie die Beziehungen in einer menschlichen Kleingruppe dar.

Das gängige Verständnis zwischenstaatlicher Beziehungen ist dementsprechend noch relativ strikt vom Verständnis der Beziehungen zwischen Personen abgeleitet. Es läßt daher die Aufspaltung des Staates und der Staatszugehörigkeit so unzweckmäßig erscheinen wie eine Spaltung der Persönlichkeit, und es erschwert auch die sprachliche Verständigung hierüber. Wenn Staaten wie Frankreich und Deutschland, Japan und Amerika, Rußland, China, Großbritannien, die Türkei und andere in einzelne Zweckgemeinschaften zerfielen, wären sie und ihre Staatsvölker nicht mehr die gefügigen außenpolitischen Diskursobjekte, um die sich bisher alles Ringen um Verständnis internationaler Zusammenhänge drehte.

In einer Welt, in der noch das Selbstbehauptungsinteresse des Staatsvolkes gegenüber äußeren Bedrohungen eine relativ homogene nationale Interessenlage herstellte, ließen sich zwischenstaatliche Verhältnisse mit dem herkömmlichen Vokabular durchaus sinnvoll beschreiben. Das Staatsvolk trat nach außen tatsächlich als homogene Einheit auf bzw. ließ sich als solche von seiner Regierung vertreten. Der Staat, der sich selbst – und damit die Staatsbürgerschaft – aufgespalten hätte, hätte damit die interne Machtkonzentration verringert und sich möglicherweise im Verhältnis zu feindlichen Nachbarn geschwächt. In einer solchen Welt versäumte der Diskurs um internationale Politik in der Tat nicht viel, wenn er ein Beziehungsgefüge darstellte, in dem Staaten wie Personen, d. h. als unteilbare Einheiten, miteinander umgingen. Er brauchte nur um die Macht-, Einfluß- und Abschreckungskonstellationen unter allzuständigen Staatsführungen zu kreisen und um all jene persönlichen Beziehungen, ökonomischen und militärischen Potentiale und bestehenden Verträge, die hierfür von Belang waren. Begriffe wie Koexistenz, Entspannung, begrenzte Souveränität, Internationalismus, Bedrohungsszenario, militärisches Gleichgewicht, zwischenstaatliches Kräfteverhältnis, ökonomische Über- und Unterlegenheit, neue und alte Weltordnung, Europäisches Haus und andere wurden vor diesem Hintergrund mit Inhalt gefüllt.

Nach dem Ende der Ost-West-Konfrontation wird der politische Ordnungssinn, der die Staatengemeinschaft in solcher Analogie zur menschlichen Kleingruppe sehen will, aber zunehmend obsolet. An die Stelle der gewohnten Ordnung von Erster, Zweiter und Dritter Welt und deren Untergruppierungen, in denen relativ übersichtliche Beziehungsstrukturen herrschten, ist eine intellektuell strapaziösere Unordnung getreten, die sich der eingeübten politischen Begriffswelt entzieht. Sich mit dieser scheinbaren Unordnung zu arrangieren, ist daher eine vorrangige Herausforderung an das zeitgenössische Politikverständnis. Gelingen kann dies nur, wenn man sich auf komplexere, grenzüberschreitende Bedürfnisse einläßt und sich damit von der Gewohnheit trennt, das Staatsvolk zu einem politischen Einzelakteur zu verkürzen.

Für das Verständnis dieser Unordnung kann eine Analogie zum Gegensatz zwischen der intellektuellen Attraktivität planwirtschaftlicher Ordnung und der anstrengenden Unordentlichkeit des

Marktsystems hilfreich sein. Die Hypothese von der rationalen Planbarkeit der Wirtschaft – sei es als sozialistische Detailplanung oder als keynesianische Globalsteuerung – erschien als willkommene Vereinfachung im politischen Denken. Sie war die Alternative zur Unterordnung unter ein Marktgeschehen, dessen überraschende Wendungen immer wieder als lästige Störgrößen in einer rationalen Gesellschaftsordnung empfunden wurden. Die scheinbare Unordnung des Marktes als eine komplexe Ordnung zu verstehen, die sich der unübersichtlichen Struktur menschlicher Bedürfnisse und Fähigkeiten selbsttätig anpaßt, hat beträchtliche intellektuelle Anstrengung gekostet. Diese konnte sich gegen die Überzeugung von der Planbarkeit der Wirtschaft nur mühsam durchsetzen. Eine artverwandte Anstrengung ist es nun, die zur intellektuellen Bewältigung eines unübersichtlicher werdenden Staatengefüges geleistet werden muß.

Die Unordnung im zwischenstaatlichen Bereich würde eine neue Dimension erreichen, wenn für jede Staatssparte eine andere politische Landkarte entstünde und wenn die Grenzen dieser Landkarten für den laufenden demokratischen Wandel offengehalten würden. Nur in solcher Unübersichtlichkeit kann sich aber das Staatengefüge analog zum Marktprozeß der Struktur der menschlichen Bedürfnisse anpassen. Wenn die Staatsgrenzen in allen Sparten zur ständigen demokratischen Revision freigegeben werden, hat dies eine ähnliche Öffnungswirkung wie die Freigabe der Preise beim Übergang von der Plan- zur Marktwirtschaft. Einander ähnlich sind auch die ideologischen Anpassungsleistungen, die dem politischen Betrachter bei diesen Vorgängen abverlangt werden.

Ein gewisses Maß an Unordnung in dem Sinne, daß verschiedene staatliche Funktionsbereiche inkongruente Staatsgebiete abdeckten, hatte die politische Landkarte von jeher aufzuweisen. Allerdings ließ man sich hierauf nur in besonderen, von historischen Zufällen begünstigten Ausnahmen ein. Ausnahmsweise verzichteten einzelne Staaten auf die politische Allzuständigkeit innerhalb ihres Staatsgebietes und ließen einen oder mehrere Funktionsbereiche von externen Instanzen wahrnehmen. So überließen zum Beispiel manche Kleinstaaten gewisse politische Funktionen auf ihrem Territorium einem größeren Nachbarstaat. Dies geschah zum Teil, weil der kleine Staat sich nur auf diese Weise die friedliche Gunst des Nachbarn und damit den eigenen Fortbestand erkaufen konnte. Es geschah aber auch aus innenpolitischem Effizienzkalkül. Innenpolitisch effizient ist es zum Beispiel, wenn Liechtenstein oder Monaco keine eigene Währung unterhalten und wenn Luxemburg de facto an die belgische Geld- und Währungspolitik angeschlossen ist.

Auch im Bereich der Landesverteidigung sind einige Kleinstaaten nicht selbständig, sondern gehören zumindest de facto zur staatlichen Sicherheitsgemeinschaft eines größeren Nachbarn. Aus Effizienzgründen verzichtet mancher Kleinstaat in bestimmten Bereichen auch auf eine eigene Gesetzgebung und schließt sich derjenigen eines größeren Nachbarn an. Zu ähnlichen Überlappungen staatlicher Funktionsbereiche ist es bei territorialen Exklaven gekommen. So ist zum Beispiel das Kleine Walsertal österreichische Exklave innerhalb der Bundesrepublik Deutschland, in der österreichisches Recht, aber die deutsche Währung gilt.

Obgleich die Verfassungsanomalien der Kleinstaaten und Exklaven dem an den Universalstaat gewöhnten Ordnungssinn so sehr zuwiderlaufen, werden sie von den betroffenen Bürgern keineswegs als unliebsame Notlösungen empfunden. Allem Anschein nach halten beispielsweise die Bewohner des Kleinen Walsertals aus identifikatorischen und traditionalen Gründen an der Zugehörigkeit zu Österreich fest, bevorzugen aber gleichzeitig aus Effizienzgründen die Zugehörigkeit zum deutschen Währungsgebiet. In ganz ähnlicher Weise arrangieren sich die Bürger demokratischer Kleinstaaten problemlos damit, in einigen politischen Belangen zum Zuständigkeitsgebiet eines Nachbarstaates zu gehören. Die scheinbare Unordnung, die das Staatengefüge in solchen Ausnahmefällen aufweist, ist im Einklang mit den herrschenden Bedürfnissen. Es steht allerdings noch die politische Konsequenz aus, daß beispielsweise den Bürgern des Kleinen Walsertals demokratischer Einfluß auf die deutsche Geldpolitik gewährt wird, von deren Folgen sie unmittelbar berührt sind.

Ein markantes Beispiel dafür, daß staatliche Identifikationsgemeinschaften sich nicht an die Grenzen des Universalstaates halten müssen, liefern die britischen Verhältnisse. Schottland, England und Wales gönnen sich eigene Fußball-Nationalmannschaften, und sie befriedigen damit auf parastaatlicher Ebene identifikatorische Zusammengehörigkeitsbedürfnisse, die offenbar nicht allen Briten gemeinsam sind. Gleichzeitig leisten sich alle Briten aber ein gemeinsames Königshaus als staatliches Identifikationsobjekt, und sie teilen sich die Rolle als dessen Untertanen zudem noch mit Bürgern außerbritischer Territorien. Die identifikatorischen Institutionen haben hier unterschiedliche Reichweiten, und für keine dieser Reichweiten ist die eigentliche politische Staatsgrenze maßgeblich. Auch diese vermeintlichen Anomalien dürften mit den Bedürfnissen der betroffenen Bürger in ziemlich gutem Einklang stehen.

Solche Beispiele belegen, daß die Bürger immer nur ein bedingtes Interesse an einem für sämtliche Staatssparten identischen Staatsgebiet hatten. Daß dieses Interesse im zeitgenössischen Kontext weiter abnimmt, zeichnet sich mit zunehmender Deutlichkeit auch im europäischen Integrationsprozeß ab. In den unerwartet reservierten Reaktionen auf die Maastrichter Beschlüsse und insbesondere auf die geplante Währungsunion kam dies unmißverständlich zum Ausdruck.

Während die Bürger einiger EG-Mitgliedsländer sich der von den Partnern geforderten schnellen Umstellung auf strikte Geldwertstabilität und geringe Staatsverschuldung widersetzen werden, wird man sich in anderen Ländern nicht mit stabilitätspolitisch zweifelhaften Kandidaten auf eine gemeinsame Währung einlassen wollen. Diese Widerstände werden nicht ohne Wirkung auf die praktische Politik bleiben. Zumindest für eine längere Übergangsperiode wird dadurch eine Art europäischer Währungsstaat entstehen, dessen Staatsgebiet weder mit demjenigen der EG noch irgendeiner anderen staatenähnlichen Institution übereinstimmt.

Wenn es zu dieser neuen Anomalie auf der politischen Landkarte kommt, darf auch hierin kein Versagen demokratischer Politik und kein integrationspolitischer Betriebsunfall gesehen werden. Es ist vielmehr die Umsetzung der herrschenden politischen Bedürfnisse, über die sich der europäische Integrationsprozeß in seiner bürgerfernen Eigendynamik hinwegzusetzen versucht hat. Der integrationspolitische Mißerfolg stünde also eher für eine beruhigende demokratische Normalität.

Die Währungspolitik ist nur das erste und anschaulichste Beispiel dafür, daß sich das Gebiet der EG nicht willkürlich als Staatsgebiet für die Integration in allen politischen Sparten verordnen läßt. Auch als Sicherheits- und Solidargemeinschaft werden die

Bürger eigene und andere Vorstellungen darüber entwickeln, in welchem Rahmen sie sich staatlich zusammenschließen wollen. Als besonders realitätsfremd wird sich die Vorstellung von einem europäischen Solidarstaat in den heutigen – oder darüber hinaus erweiterten – Grenzen der EG erweisen.

Dem Bürger bleiben angesichts dessen nur zwei Alternativen der Einwirkung auf eine künftige Europapolitik. Die erste Alternative besteht darin, den weiteren europäischen Integrationsprozeß nach Kräften zu blockieren und damit Solidar-, Währungs-, Sicherheits- und andere Gemeinschaften zu verhindern, die nicht den aktuellen Zusammengehörigkeitsbedürfnissen entsprechen. Die andere, bessere Alternative wäre, einen ganz andersartigen Integrationsprozeß zu befördern, der den unterschiedlichen Bedürfnissen in den einzelnen Bereichen der Politik besser gerecht wird.

Eine differenziertere, enger an den Bedürfnissen der Bürger orientierte Integrationspolitik ist aber nur dann möglich, wenn den Bürgern entsprechend differenzierte Einwirkungsmöglichkeiten an die Hand gegeben sind. Das demokratische Verlangen, solche Einwirkungsmöglichkeiten zu schaffen, wird auf Dauer kaum abzuweisen sein. In der Geldpolitik beispielsweise wäre mit der erwähnten Einrichtung geldpolitischer Parlamente und zugehöriger Währungsräte die Voraussetzung für eine demokratischere Integrationspolitik geschaffen. Auch in anderen Bereichen der Politik, in denen solche Parlamente und Räte entstünden, würde die europäische Landkarte den Bedürfnissen der Bürger schneller und präziser angepaßt werden als in dem bisher versuchten Verfahren.

Die Finanzierung eigenständiger Spartenstaaten

Die Aufspaltung von Staat und Staatsbürgerschaft würde nicht nur eine Neuordnung des demokratischen Entscheidungsverfahrens bringen. Auch in die organisatorischen Strukturen staatlicher Administration würde eine solche Aufspaltung grundlegend eingreifen.

Im herkömmlichen Universalstaat bestehen zwischen den einzelnen Politikbereichen einige enge organisatorische Verknüpfungen. Die wichtigste Verknüpfung beruht darauf, daß alle Staatsausgaben aus einer Einheitskasse bezahlt werden, in die sämtliche staatlichen Einnahmen zunächst einmal hineinfließen. Jeder Politikbereich konkurriert mit jedem anderen um die in dieser Kasse verfügbaren Mittel, und keiner kann daher eigenständig über sein Ausgabevolumen entscheiden. Jeder Bereich ist daher von der universalstaatlichen Spitzeninstanz abhängig, die in dieser Frage letztlich vermitteln und entscheiden muß. Selbst dort, wo der Staat für bestimmte Leistungen zweckgebundene Abgaben oder Gebühren erhebt, dient dies in der Regel nicht der finanziellen Eigenständigkeit der zuständigen Institutionen. Müllabfuhr, Gerichte und sogar die Arbeitslosenversicherung werden durch ihre Gebühren und Beiträge nicht finanziell – und damit auch nicht politisch – unabhängig.

Aus der Sicht des Universalstaates ist die Einrichtung einer einheitlichen Kasse eine durchaus zweckmäßige Lösung. Sie läßt ihm allen erdenklichen Spielraum in der Strukturierung der Ausgaben und in der laufenden Anpassung der Ausgabenprioritäten an den Wandel der Aufgabenstellungen. Zu welchen Anteilen aus dieser Kasse verteilungspolitische, repräsentative oder kulturelle Aufgaben, Justiz, Landesverteidigung, Konjunktursteuerung und sonstiges finanziert werden, kann die allzuständige Staatsführung nach der aktuellen Problem- und Bedürfnislage flexibel entscheiden. Diese Ausgabenflexibilität ist ein wichtiges Argument für die staatliche Einheitskasse, und sie ist damit zugleich ein Argument für den allzuständigen Staat, der diese Kasse verwaltet.

Für den Bürger bringt die Ausgabenflexibilität aber nur dann den erhofften Vorteil, wenn die Staatsführung tatsächlich willens und imstande ist, die Ausgabenprioritäten der aktuellen Bedürfnislage folgen zu lassen. Genau dies trauen die meisten Bürger aber dem herkömmlichen Staat kaum noch zu. Sie haben dessen Institutionen als zu unflexibel erlebt, um die öffentlichen Leistungen insgesamt zeitgemäß zu strukturieren. Sie haben auch lernen müssen, daß zwischen den Interessenlagen der Politiker und den Bedürfnislagen der Bevölkerung systematische Abweichungen bestehen und daß die Ausgabenprioritäten dadurch beträchtlich verzerrt werden.

Gegen solche Mängel im Umgang mit der einheitlichen Staatskasse können die Bürger im herkömmlichen Staat relativ wenig ausrichten. Sie können dies unter anderem deswegen nicht, weil sie sich über die Struktur der Staatsausgaben, die aus der Einheitskasse bezahlt werden, nur schwer einen Überblick verschaffen können. Sie können auch die inneren politischen Entscheidungsprozesse schwer nachvollziehen, die letzten Endes zu der einen oder anderen Prioritätensetzung bei den Ausgaben führen. Vor allem aber haben die Bürger im gängigen demokratischen Wahlverfahren keine gezielte Einwirkungsmöglichkeit auf die Ausgaben in den einzelnen Politikbereichen. Die Politiker sehen sich daher meistens nur einem relativ schwachen Rechtfertigungsdruck in dieser Frage ausgesetzt. Je komplexer und unübersichtlicher die Staatshaushalte aus Sicht der politischen Öffentlichkeit werden, desto geringer wird dieser Rechtfertigungsdruck und desto leichter verselbständigt sich die staatliche Einheitskasse gegenüber den Interessen der Bürger.

Die Alternative zu dieser Einheitskasse ist die Finanzierung einzelner Aufgabenbereiche über eigenständige, zweckgebundene Abgaben. Mit dieser Art der Finanzierung können politische Einzelsparten aus ihrer fiskalischen Abhängigkeit von einem gemeinsamen Staatshaushalt befreit werden. Für jede Sparte kann eine spezifische Steuer geschaffen werden, die ausschließlich zur Deckung der Ausgaben dieser Sparte zu verwenden ist. Damit wird für den Bürger zunächst einmal eine wesentlich bessere Transparenz der öffentlichen Finanzen geschaffen. Er hat nicht nur einen klaren Überblick über die Ausgabenprioritäten. Er kann die Leistungen jeder Sparte der zugehörigen Steuerbelastung gegenüberstellen, und er kann aufgrund dessen eine viel gezieltere politische Willensbildung in Sachen Staatsausgaben betreiben. Noch wichtiger ist aber, daß mit dieser Finanzierungsform die Grundlage für die finanzielle – und damit auch für die politische – Eigenständigkeit der einzelnen Staatssparten gelegt wäre. Jede Sparte könnte ihre Steuer selbst erheben, und sie müßte diese Steuer gegenüber dem Bürger selbst verantworten.

Für eine solche finanzielle Verselbständigung der Staatssparten kann wiederum die Kirche als organisatorisches Modell dienen. Aber auch eine als echte Selbstverwaltungskörperschaft organisierte gesetzliche Krankenversicherung, der das gesamte Gesundheitssystem angegliedert ist, würde gewisse Anknüpfungspunkte bieten. Beide Institutionen finanzieren sich durch Abgaben auf das individuelle Einkommen ihrer Mitglieder. In beiden Fällen wird über die Höhe dieser Abgaben unabhängig vom gesamten übrigen öffentlichen Finanzwesen entschieden. Beide Institutionen kann man sich zudem steuertechnisch als finanzielle Abspaltungen unabhängiger Staatssparten von einem herkömmlichen Universalstaat vorstellen. Beispielsweise könnte ein staatliches Gesundheitssystem wie das britische leicht verselbständigt werden und sich fortan mit einer eigenständigen Gesundheitssteuer finanzieren. (Siehe hierzu auch Anm. 6, S. 154.)

Die zweckgebundene Steuer, die wie die deutsche Kirchensteuer oder der Beitrag zur gesetzlichen Krankenkasse auf das persönliche Einkommen erhoben wird, ist von allen Finanzierungsformen öffentlicher Aufgaben die transparenteste. Jeder Bürger kann bei dieser Steuerart am Steuerbescheid bzw. an der Lohnabrechnung seinen persönlichen Beitrag zu dem jeweiligen öffentlichen Aufgabenbereich ablesen. Er ist sich über seine persönliche zweckgebundene Steuerbelastung genau im klaren, und er kann diese Belastung in Relation setzen zu den Leistungen, die die betreffende Staatssparte für ihn und für die gesamte Öffentlichkeit erbringt.

Mit dieser Finanzierungsform wären die entscheidenden Voraussetzungen für einen besseren Umgang mit öffentlichen Geldern erfüllt. Transparenz herrschte hierbei nicht nur hinsichtlich der Ausgabenprioritäten und der individuellen Belastungen, sondern auch hinsichtlich der Verteilung der Steuerbelastung über die gesamte Bevölkerung. Erst mit dieser umfassenden Transparenz wäre auch die Voraussetzung dafür geschaffen, daß der Bürger seine gezielte demokratische Einwirkungsmöglichkeit auf die einzelne Staatssparte rational wahrnimmt. Soweit möglich, sollte für Staatssparten, die vom Universalstaat abgespalten werden, daher diese Finanzierungsform über die individuelle Einkommensteuer gewählt werden. Die Mehrwertsteuer und andere indirekte Steuern wären demgegenüber Instrumente der zweiten Wahl.

Der Bürger würde in einem so gestalteten öffentlichen Finanzwesen nicht mehr eine einzige, sondern mehrere spartenbezogene Einkommensteuern bezahlen. Die Identifikationssparte würde den Bürger mit einer eigenständigen Identifikationssteuer belasten, die Traditionssparte würde eine Kultur- und Bildungssteuer erheben, die Solidarsparte eine Solidarsteuer. Verwaltungstechnisch wäre dieses Nebeneinander mehrerer Einkommensteuern problemlos zu bewältigen. Ähnlich wie bei der deutschen Kirchensteuer könnte jede dieser Staatssparten sich der Amtshilfe von Verwaltungsstaaten bedienen, um ihre Steuern von deren Behörden eintreiben zu lassen. Diese würde die administrativen Kosten eines derartigen mehrgliedrigen Besteuerungssystems gering halten. (Zur Finanzierung der Währungssparte s. Anm. 7, S. 154.)

Ein solches Finanzierungssystem wäre die organisatorische Grundlage für eine geordnete Verselbständigung der neu zu bildenden Spartenstaaten. Diese Staaten wären finanziell – und damit auch politisch – voneinander unabhängig, und unabhängig wären sie insbesondere auch vom übrigbleibenden Verwaltungsstaat. Um politische Konflikte unter den verschiedenen Sparten auszuschließen, bedürfte es nur noch einer entsprechend präzisen Abgrenzung der Aufgaben und einer Zuweisung politischer Instrumente, die einander in ihren Wirkungen nicht überschneiden.

Die einzelnen Einkommensteuern der neu zu schaffenden Staatssparten würden sich insgesamt zu einem relativ hohen Gesamtsteuersatz addieren (s. hierzu auch Kap. 4). Allein schon durch die ausgabenintensive Solidar- und die Sicherheitssparte wäre die steuerliche Belastbarkeit der Individualeinkommen nahezu ausgeschöpft. Dem Verwaltungsstaat stünde daher die Finanzierung über eine zusätzliche Einkommensteuer nicht mehr offen. Er müßte seine Leistungen daher ausschließlich über indirekte Steuern, d.h. vornehmlich über Mehrwert- und Verbrauchssteuern und Umweltabgaben finanzieren. Auch diese eindeutige Zuordnung der indirekten Steuern zum Verwaltungsstaat wäre aber ein Beitrag zur fiskalischen Transparenz. Der Gesamtaufbau des öffentlichen Finanzsystems, der sich daraus für das System der Spartenstaaten ergibt, ist in der folgenden Abb. 2 dargestellt. (Die Abbildung soll, wie unschwer zu erkennen ist, nicht die realen Größenrelationen zwischen Steuern und Einkommen darstellen.)

Ein scheinbarer Nachteil, der mit der Transparenz dieses Systems erkauft wäre, wäre die entstehende Vielzahl der abgabenerhebenden Körperschaften. Die einzelnen Spartenstaaten würden ungehindert um den Zugriff auf die Einkommen der Bürger konkurrieren, und keine dieser Sparten stünde unmittelbar in der Verantwortung für die Gesamthöhe der Abgaben. Dies könnte ein Ausufern der Abgabenbelastung mit all seinen negativen Auswirkungen auf das Wohlstandswachstum und die Beschäftigungslage befürchten lassen.

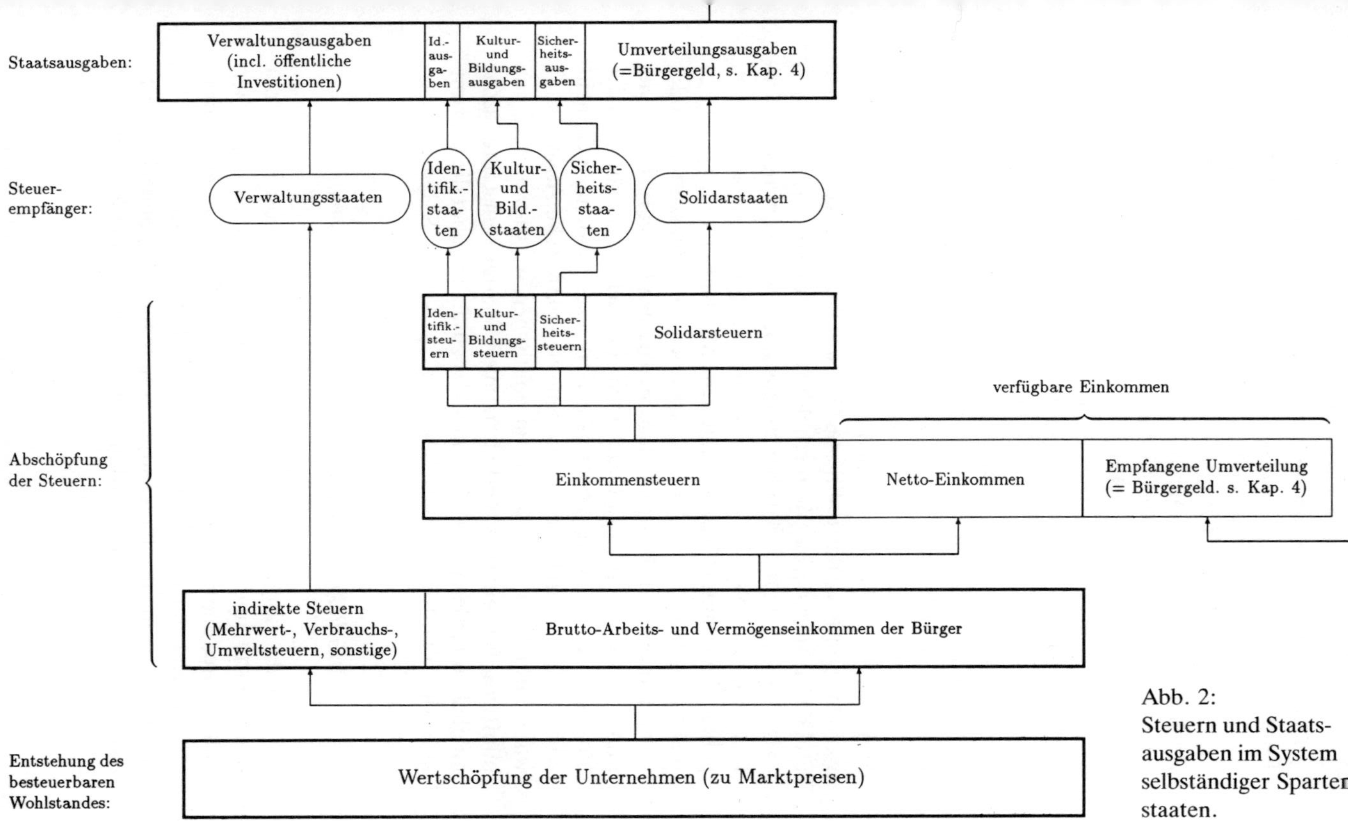

Abb. 2:
Steuern und Staatsausgaben im System selbständiger Spartenstaaten.

Einem solchen unkontrollierten Abgabenwachstum würden die Bürger sich aber mit ihrem gezielten demokratischen Einfluß auf die Politik der Spartenstaaten widersetzen. Diese stünden nicht nur mit ihren Steuererhebungen unter laufendem demokratischem Rechtfertigungsdruck. Durch ihr Wahlverhalten könnten die Bürger dafür sorgen, daß ihre Zahlungsbereitschaft in keinem Politikbereich überstrapaziert wird und daß damit auch die gesamte Staatsquote in einem verträglichen Rahmen bleibt.

Zu einem soliden Umgang mit den Staatsfinanzen würde neben der innerstaatlichen demokratischen Kontrolle auch der verstärkte zwischenstaatliche Wettbewerb sorgen. Wenn beispielsweise ein Sicherheitsstaat oder ein Verwaltungsstaat unnötig hohe Kosten verursachte, dann wäre dies am zwischenstaatlichen Vergleich der Steuersätze für den Bürger sofort erkennbar. Die Differenz zu den Steuern, die andernorts in den entsprechenden Sparten erhoben werden, würde in das politische Werturteil der Bürger einfließen und damit auch deren Wahlverhalten beeinflussen.

Die Bürger hätten darüber hinaus noch eine weitere Möglichkeit, einer zu hohen Besteuerung einzelner Spartenstaaten zu entgehen. Sie könnten diesen Staaten die Mitgliedschaft aufkündigen und versuchen, zu anderen Gemeinschaften überzutreten oder sich separatistisch abzuspalten. Neben dem innerstaatlichen demokratischen Widerspruch stünde ihnen also auch die Möglichkeit des Überwechselns zu einer anderen, evtl. neu zu gründenden Gemeinschaft offen. Durch diese zweifache demokratische Absicherung wäre dafür gesorgt, daß sich im politischen Wettbewerb ein vernünftiges Besteuerungsverhalten aller Sparten einstellte. (Zur möglichen Rolle eines Fiskalrates, der zusätzlich über die Gesamthöhe der öffentlichen Ausgaben wacht, s. Anm. 8, S. 154.)

Kollektive und individuelle Staatsbürgerschaft

Wenn die obige Analogie zwischen der Mitgliedschaft in der Staatssparte und der Kirchenmitgliedschaft in allen Bereichen gültig wäre, dann könnte die herkömmliche Staatsbürgerschaft in ein Bündel unverbindlicher Vereinsmitgliedschaften aufgelöst werden. Jedem einzelnen Bürger könnte für jede politische Sparte das Recht eingeräumt werden, sich eine ihm genehme staatliche

Gemeinschaft zu suchen und dort seinen Einkommensteueranteil abzuführen. Jeder könnte sich also eine individuelle Palette von Teil-Staatsbürgerschaften zusammenstellen, und er könnte diese Zusammenstellung nach aktueller Bedürfnislage verändern, soweit er in der von ihm bevorzugten Gemeinschaft Aufnahme findet.

Eine solche Auflösung der Staatsbürgerschaft ist natürlich nicht in allen politischen Sparten praktikabel. Sie würde unter anderem zur Auflösung aller Staatsgebiete führen und damit den ordnenden Einsatz der Staatsgewalt für die innere und äußere Sicherheit vereiteln. Die freie, individuelle Wahl der Mitgliedschaft muß daher in einigen Sparten auf geeignete Weise beschränkt werden.

Die Alternative zur individuellen Wahl der Staatsbürgerschaft ist die kollektive Wahl durch die Bewohner eines bestimmten Territoriums. Zwischen diesen beiden Verfahren ist daher für jede einzelne Staatssparte eine Abwägung zu treffen. Die kollektive Wahl kann aufgrund der Finanzierungsform einer Sparte notwendig werden, und sie kann sich aus der Art der Leistungen ergeben, die eine Sparte für die Bürger erbringt.

Eine Staatssparte, die sich finanziell nicht auf individuelle Mitgliedsbeiträge stützt, sondern beispielsweise auf die in einem bestimmten Erhebungsgebiet anfallenden Verbrauchs- und Mehrwertsteuern, macht damit zwangsläufig alle Bewohner dieses Gebietes zu ihren zahlenden Mitgliedern. Im oben beschriebenen Steuersystem würde dies auf den Verwaltungsstaat zutreffen, der sich über die in seinem Territorium erhobenen indirekten, nicht einkommensbezogenen Steuern finanziert. Wer sich diesem Verwaltungsstaat als Steuerzahler entziehen will, ohne in ein anderes Staatsgebiet überzusiedeln, muß dies gemeinsam mit allen Mitbewohnern seiner Region, seiner Provinz, seines Landkreises oder seines Bundeslandes tun. Er muß versuchen, eine regionale demokratische Mehrheit für eine territoriale Abspaltung zu gewinnen.

Der Verwaltungsstaat ist auch deswegen für eine individuelle Mitgliedschaft ungeeignet, weil die meisten seiner Leistungen eher auf ein Territorium als auf einen bestimmten Personenkreis abzielen. Dies gilt beispielsweise für Infrastrukturinvestitionen, es gilt für die öffentliche Ordnung und innere Sicherheit, für die Einwanderungspolitik und für die meisten Maßnahmen der Umweltpolitik. All dies sind politische Leistungen, die den Bürger nicht als individuelles Mitglied erreichen, sondern als Bewohner eines Staatsgebietes. Auch dies ist ein Grund, die Zugehörigkeit zum Verwaltungsstaat nicht der individuellen Entscheidung zu überlassen, sondern Gebietskollektive über territoriale Abspaltungen, Übertritte und Integrationen entscheiden zu lassen.

Eine zweite Sparte, deren Leistungen nicht auf einen Personenkreis, sondern auf ein bestimmtes Territorium abzielen, ist die Sicherheitssparte. Militärische Sicherheit wird als territoriale Sicherheit angeboten und wird von den Bewohnern eines bestimmten Territoriums kollektiv in Anspruch genommen. Es würde keinen Sinn machen, einzelnen Bürger den Übertritt zu einer auswärtigen Sicherheitsgemeinschaft freizustellen, wenn sie nicht zugleich das Territorium wechseln. Noch unsinniger wäre es, auf demselben Territorium mehrere konkurrierende Sicherheitsgemeinschaften zuzulassen, die jeweils eigene Streitkräfte betreiben. Sicherheitsgemeinschaften müssen eindeutige geographische Grenzen haben, und über Änderungen dieser Grenzen können nur Kollektive bestimmen, die ein geschlossenes Territorium sicherheitspolitisch repräsentieren.

Aus ähnlichen Gründen muß auch in der Währungssparte die Entscheidung über die Mitgliedschaft als kollektive Entscheidung für ein Territorium getroffen werden. Auch die Währung kann nur für ein bestimmtes Währungsgebiet effizient verwaltet werden und nicht für einen Kreis individueller Mitglieder. Aus einer Währungsgemeinschaft austreten bzw. hinzutreten können daher immer nur Gebietskollektive, die hierüber eine interne demokratische Meinungsbildung herbeigeführt haben.

Die Notwendigkeit, über die Mitgliedschaft in der Staatssparte als Gebietskollektiv zu entscheiden, schränkt natürlich die Anpassung der Staatszugehörigkeit an die aktuelle Bedürfnislage ein. Der Bürger muß sich damit abfinden, daß Staatsgrenzen notwendig bleiben und daß sie nicht nach individuellem Geschmack beliebig gezogen werden können.

Diese Einschränkung ist aber nicht für alle Politikbereiche zwingend. Für einige Sparten könnte die Staatsbürgerschaft tatsächlich als eine Art individueller Vereinsmitgliedschaft gehandhabt werden.

Es gibt öffentliche Aufgabenbereiche, in denen der Staat schon heute mit privaten Vereinen konkurriert und in denen diese privaten Vereine sich durchweg als gleichrangige, wenn nicht sogar überlegene Leistungsanbieter erweisen. Ein Beispiel hierfür ist das Kultur- und Bildungswesen. Kinderbetreuung, Schulbildung, Universitäts- und Berufsausbildung, aber auch Theater, Musik und andere Kulturleistungen werden in vielfältiger Weise von nichtstaatlichen Trägern mit Vereinscharakter angeboten. Die Finanzierung solcher Vereine wird zumeist dadurch sichergestellt, daß der Staat ihnen einen Teil seiner Steuereinnahmen überläßt.

Diese indirekte Steuerfinanzierung hat den gravierenden Nachteil, daß damit die monopolistische Kontrolle des herkömmlichen Universalstaates auch auf die privaten Kultur- und Bildungsangebote ausgedehnt wird. Eine bedürfniskonformere, demokratisch geregelte Angebotsvielfalt würde sich einstellen, wenn in der Kultur- und Bildungssparte steuerfinanzierte Vereine tätig wären, denen die spartenspezifischen Einkommensteueranteile direkt zufließen. Zwischen diesen Vereinen könnte dann ein nahezu unbeschränkter Wettbewerb zugelassen werden. Jedem Bürger könnte freigestellt sein, sich für die Mitgliedschaft in einem dieser Vereine zu entscheiden und seine entsprechende Spartensteuer an diesen Verein zu entrichten. Jedem dieser Vereine könnte zudem freigestellt sein, seine Kultur- und Bildungsangebote auf beliebige Territorien auszuweiten. In dieser Sparte gäbe es dann keine Staatsgebiete mehr und keine territorialen Kultur- und Bildungsmonopole.

Dies schließt nicht aus, daß beispielsweise ein Verwaltungsstaat sich in Konkurrenz zu anderen Trägern als Anbieter in der Kultur- und Bildungspolitik versucht. Er könnte Teile der Bildungs- und Kulturinstitutionen vom herkömmlichen Universalstaat übernehmen, und er könnte Kultursteuern einwerben, um die Kosten dieser Institutionen zu decken. Er bliebe hierbei aber dem offenen Wettbewerb anderer Anbieter ausgesetzt.

Öffentliche Vereine, die in dieser Art als Kultur- und Bildungsträger auftreten, würden sich in den meisten Fällen als Traditionsgemeinschaften im oben beschriebenen Sinne verstehen. Sie würden dem verbreiteten Bedürfnis Rechnung tragen, die traditionalen Werte einer gemeinsamen Sprache, Konfession oder Weltanschauung gemeinschaftlich zu erhalten und zu fördern. Dies wäre der naheliegendste Anknüpfungspunkt für ein umfassendes Bildungs- und Kulturangebot, das sich vom Schulwesen über Universitäten bis hin zu Staatstheatern und vielerlei Kulturinstitutionen herkömmlicher Prägung erstreckt. Daneben könnten sich aber durchaus auch Gemeinschaften bilden, die sich ein traditionsungebundenes, internationalistisches Kultur- und Bildungsangebot zur Aufgabe machen.

Die Öffnung der Kultursparte für die individuelle Mitgliedschaft wäre politisch besonders bedeutsam in sprachlich und konfessionell stark durchmischten Gebieten. Das kultur- und bildungspolitische Angebotsmonopol hat dort immer wieder Benachteiligungen einzelner Bevölkerungsgruppen zur Folge, deren Minderheiteninteressen sich politisch nur unzureichend durchsetzen können. Nicht selten hatten solche Minderheitengruppen den begründeten Eindruck, mit ihren Steuern die eigene kulturelle Unterdrückung zu bezahlen. Im herkömmlichen Universalstaat war dies selbst unter demokratischen Verhältnissen nicht ausgeschlossen, und es hat immer wieder Anlaß zu gewaltsamen Konflikten gegeben. Wenn jede Bevölkerungsgruppe, die sich einer gemeinsamen Tradition verpflichtet weiß, ihre Kultur- und Bildungsinstitutionen in eigener Verantwortung betreibt, bezahlt und in Anspruch nehmen kann, sind solche gewaltsamen Konflikte kaum noch vorstellbar. Hätte man sich beispielsweise vor dem Zerfall Jugoslawiens darauf geeinigt, ein solches friedliches kulturpolitisches Nebeneinander zu praktizieren, wäre es möglicherweise nie zu kriegerischen Auseinandersetzungen der Sprach- und Konfessionsgruppen um die Herrschaft über bestimmte Siedlungsgebiete gekommen. In einer kulturell so stark durchmischten Region wie Bosnien-Herzegowina könnte dieses Modell sogar das einzige sein, das einem militanten Dauerkonflikt nach libanesischem Vorbild vorbeugen würde. Serben , Kroaten und Muslime könnten dort ihre eigenen Kultur- und Bildungsgemeinschaften betreiben, ohne einen Kampf um die Vorherrschaft über andere staatliche Institutionen ausfechten zu müssen.

Eine befriedende Wirkung könnte von einer solchen Verselbständigung der Traditionsgemeinschaften überall ausgehen, wo bisher rivalisierende Gruppen um die kulturelle Dominanz im Staatsapparat oder in einzelnen Staatsregionen ringen. Eine Kultur- und Bildungssteuer, die nur von Basken für Basken, von Kurden für Kurden oder von Frankokanadiern für Frankokanadier bezahlt würde, könnte manches politische Konfliktpotential entschärfen.

Aber auch für verstreute Minderheiten von Einwanderern würden sich hieraus neue und bessere Perspektiven ergeben. Sie könnten ihre kulturellen Traditionen auf eigene Kosten pflegen und würden damit viel weniger Argwohn der einheimischen Mehrheit auf sich ziehen, als wenn ein Universalstaat sich in diese Frage einmischt. Der interkulturellen Toleranz wäre dies auf jeden Fall förderlich. In den westlichen Wohlstandsdemokratien könnte es helfen, einer beschränkten Multikulturalität größere politische Akzeptanz zu sichern.

Die meisten Träger einer eigenständigen Kultur- und Bildungspolitik würden vermutlich ein geographisch eng begrenztes Angebot unterbreiten. Sie würden sich zumeist an Sprachgrenzen orientieren oder auch an den Grenzen früherer Universalstaaten, wenn diese über Sprachen, Konfessionen und ethnische Gruppen hinweg traditionale Zusammengehörigkeiten geschaffen haben. Geographisch viel breiter gestreut als die Leistungsangebote dieser Institutionen wären aber die individuellen Mitgliedschaften. Viele Emigranten würden z.B. aus emotionaler Verbundenheit daran festhalten wollen, ihre Kultur- und Bildungssteuer an die gewohnte Institution der alten Heimat zu zahlen. Mit dieser Option könnten die kulturellen Identitätskonflikte, die die Internationalisierung der Wohnortwahl für immer mehr Menschen mit sich bringt, beträchtlich entschärft werden. (Zu einigen weiteren organisatorischen Problemen unabhängiger Kultur- und Bildungssparten s. Anm. 9, S. 135.)

Viele Argumente, die für die individuelle Wahl der Mitgliedschaft in der Kultur- und Bildungssparte sprechen, treffen gleichermaßen auf die staatliche Identifikationsgemeinschaft zu. Auch das staatliche Angebot an Identifikationsobjekten bezieht sich nicht auf ein bestimmtes Territorium, sondern es richtet sich an einen bestimmten Personenkreis. Daher sollte sich genau jener Personenkreis in einer Identifikationsgemeinschaft zusammenfinden können, der sich von einem solchen Angebot gemeinsam angesprochen fühlt. Dies ist nur möglich, wenn jedem Bürger die individuelle Wahl der Mitgliedschaft freigestellt wird.

Das Erlebnis der Identifikation mit dem Staat ist für viele Bürger noch mit erheblichen historischen Vorlasten befrachtet. Insbesondere ist es noch davon geprägt, daß der Universalstaat die Identifikation immer auch an das Staatsgebiet zu binden versuchte und, soweit möglich, auch an die von Streitkräften und anderen Einrichtungen vertretene Staatsgewalt. Diese erweiterte Bindung konnte die Identifikation zu einem bisweilen fanatischen patriotisch-nationalistischen Erlebnis überhöhen.

Solche übersteigerten Identifikationserlebnisse konnten nur zustande kommen, wenn die Identifikationsinstanz das Alleinvertretungsrecht für ein Territorium und damit das politische Angebotsmonopol hatte. Wer von der staatlichen Identifikationssparte noch die Vermittlung dieser überhöhten patriotischen Erlebnisse erwartet, wird sich daher schwerlich mit der Idee konkurrierender Identifikationsangebote und mit der Vorstellung einer individuell wählbaren Mitgliedschaft arrangieren.

Auch einem unbefangenen, historisch unbelasteten Identifikationsempfinden mag die Vorstellung zuwiderlaufen, statt einer repräsentativen Staatsspitze mehrere konkurrierende Repräsentationsinstanzen zuzulassen. Sowohl der tiefgründig emotionale Wert wie auch der vordergründigere Unterhaltungswert einer Identifikationsinstanz sind in gewissem Maße von deren territorialer Exklusivität abhängig. Wenn beispielsweise zwei repräsentative Königshäuser in einem Lande als Identifikationsinstanzen konkurrierten und zwei 'National'-Mannschaften aus demselben Lande – bzw. aus überlappenden Territorien – bei internationalen Wettbewerben aufträten, könnte dies der Qualität des Identifikationserlebnisses für manche Bürger abträglich sein. Die meisten Briten fühlen sich vermutlich von einer Königin besser bedient als von zweien, die im Wettbewerb um die Gunst und die Steuergelder der Bürger stünden.

Dies scheint dafür zu sprechen, die Identifikationssparte an das Territorium und an die Staatsbürgerschaft des Verwaltungsstaates zu binden. Zumindest wäre es ein Argument dafür, über die Mitgliedschaft in einer Identifikationsgemeinschaft nur kollektiv von den Bewohnern größerer Territorien abstimmen zu lassen. Es ließe immerhin noch zu, daß Serbien, Bayern, Sachsen, Bulgarien, Rumänien und Schottland sich wieder den Luxus eines Königs oder einer Königin leisten, daß Österreicher und Ungarn sich einen gemeinsamen Repräsentationskaiser gönnen und daß Flandern, Wallonien, Korsika, Schottland und Quebec eigene Olympiamannschaften aufstellen.

Die kollektive, ans Territorium gebundene Mitgliedschaft in der

Identifikationsgemeinschaft bleibt aber in einem unübersehbaren Widerspruch zum demokratischen Prinzip. Das Bedürfnis einer Mehrheit, auf ihrem Territorium im Identifikationserlebnis ungestört zu bleiben, ist ein undemokratisches Argument gegen das Bedürfnis von Minderheiten, sich anderen Identifikationsgemeinschaften anzuschließen. Zu solchen Minderheiten können Einwanderer gehören, die im neuen Lande noch identifikatorische Anpassungsschwierigkeiten haben und die Identifikationssteuer daher weiter an die Gemeinschaft ihres Herkunftslandes überweisen möchten. Es kann sich aber auch um größere nationale Minderheiten handeln, denen die Zwangsidentifikation mit einem Gebietskollektiv noch weniger zuzumuten wäre.

Die kollektive, territoriale Mitgliedschaft in der Identifikationsgemeinschaft würde sogar dazu führen, daß einigen Völkern die Einrichtung eigener Identifikationsgemeinschaften völlig verwehrt bliebe. Ein geographisch verstreutes Volk, das in keinem Staatsgebiet die Bevölkerungsmehrheit stellt, wäre überall zur unfreiwilligen Zahlung der Identifikationssteuer an eine ungeliebte Mehrheitsinstanz gezwungen. In der Identifikationssparte würde damit manches historische Unrecht unnötig perpetuiert.

Die politische Öffentlichkeit hat sich in der Vergangenheit daran gewöhnt, daß historisches Unrecht auch im identifikatorischen Bereich seine Fortsetzung findet. Wo Staatsgrenzen gewaltsam verschoben und Völkern die staatliche Selbständigkeit unrechtmäßig genommen wurde, mußten beispielsweise National- und Olympiamannschaften solches Unrecht fortan repräsentieren. Internationale Organisationen wie das IOC, die FIFA und andere wurden damit zu Komplizen jeglicher staatlichen Unterdrückung von Identifikationsbedürfnissen. Sie akzeptierten stillschweigend, daß nur solche Gemeinschaften ein Recht auf sportliche Identifikationserlebnisse erhalten, die ein eigenes Staatsgebiet vorweisen können. Kurden, Korsen, Basken, Frankokanadier und viele andere Nationen waren damit vom Identifikationserlebnis des internationalen Sports ausgeschlossen. Alleiniger Zweck dieser Praxis war es, den nationalen Mehrheiten der betreffenden Staatsgebiete ein übersichtlicheres Identifikationserlebnis zu verschaffen.

Diesem Umgang mit dem nationalen Identifikationsbedürfnis ist die Konzeption eigenständiger Identifikationsgemeinschaften gegenüberzustellen, die sich ihre freiwilligen Mitglieder und ihre Repräsentanten selbst suchen können. Nur auf diese Weise kann das bisherige Unrecht repressiver Identifikationspolitik geheilt werden und kann eine demokratische Vielfalt friedlicher, eigenständiger Identifikationsgemeinschaften entstehen. Diese Konzeption würde neben der schottischen und walisischen beispielsweise kurdische, baskische, tatarische oder frankokanadische Nationalmannschaften möglich machen, ohne daß daraus politische Komplikationen in anderen Staatssparten entstünden. Es bedürfte keines kurdischen, frankokanadischen, baskischen und tatarischen Verwaltungs-, Sicherheits- oder Währungsstaates, um solche identifikatorischen Erlebnisse zustande kommen zu lassen.

Für eine endgültige Ablösung des Identifikationserlebnisses von der übrigen Politik bedarf es sicher eines längeren Umgewöhnungsprozesses. Dieser Umgewöhnungsprozeß würde aber durch die Zusammenfassung der gewohnten Staatsrepräsentation durch Könige und Präsidenten mit der internationalen Repräsentation in sportlichen und sportähnlichen Bereichen erleichtert. Wenn ein repräsentativer Monarch nicht mehr ein Staatsgebiet repräsentiert, sondern zu einer Art Ehrenvorsitzendem eines demokratischen, einkommensteuerfinanzierten Vereins avanciert, wäre dies zwar an sich schon eine Befreiung von unzeitgemäßem ideologischem Ballast. Die Identifikationsgemeinschaften wollen aber auch auf sinnvolle Weise zueinander in Beziehung treten, um sich dadurch in ihren Besonderheiten und Unterschiedlichkeiten zu erleben. Hierzu bieten rituelle Wettbewerbs- und Schauveranstaltungen mit nationalen Mannschaften, Delegationen und Repräsentanten aller Art einen geeigneten Rahmen.

Monarchen und Präsidenten würden sich anfänglich vielleicht schwertun, nur noch bei solchen Anlässen für ihre Gemeinschaft aufzutreten und ihres politischen Amtes zu walten. Diese Aufgabenzuweisung wäre aber viel zeitgemäßer als die bisherige, bei der beispielsweise Königinnen oder Könige fremde Texte in Parlamenten vorlesen, mit denen sie ansonsten nicht mehr das geringste zu tun haben. Sie wäre auch zeitgemäßer als die bisherige Praxis, daß Innenminister und Bundeskanzler die nationalen Olympiasieger auszeichnen, um damit die Sympathiewerte in der politischen Öffentlichkeit zu erhöhen und möglicherweise von politischen Fehlleistungen in anderen Bereichen abzulenken. In jedem

Fall wäre hiermit ein zusätzlicher Beitrag zur Entemotionalisierung der Politik außerhalb der Identifikationssparte geleistet.

Je vertrauter dem Bürger die Loslösung des Identifikationserlebnisses von der übrigen Politik wird, desto leichter arrangiert er sich auch mit der Vorstellung vom politischen Wettbewerb unter den Identifikationsinstanzen. Er wird die Möglichkeit, die Identifikationsgemeinschaft individuell zu wechseln, unbedenklicher nutzen, um damit der Politik in dieser Sparte demokratische Signale zu geben. Wenn beispielsweise eine Identifikationsgemeinschaft an ein Königshaus gebunden bleibt, dessen Thronfolger den Anforderungen des Amtes nicht gewachsen ist, können Mitglieder diese Gemeinschaft durch Abwanderungen schwächen. Sie können ihre Identifikationssteuer vorübergehend einer anderen Identifikationsgemeinschaft zukommen lassen. Diesen Entschluß können sie wieder rückgängig machen, sobald ihnen das identifikatorische Angebot ihrer ursprünglichen Gemeinschaft wieder akzeptabel erscheint. Die identifikatorischen Instanzen würden dadurch einem heilsamen Leistungsdruck ausgesetzt. Identifikationsgemeinschaften, bei denen die inneren demokratischen Mechanismen nicht ausreichen, um eine zeitgemäße Anpassung an die Bedürfnisse hervorzubringen, würden durch Mitgliederschwund allmählich an politischer Bedeutung verlieren und möglicherweise ganz verschwinden.

4. BESONDERHEITEN DES SOLIDARSTAATES

Die Notwendigkeit der kollektiven Mitgliedschaft

In den vergangenen anderthalb Jahrzehnten ist in fast allen demokratischen Ländern eine gewisse Skepsis gegenüber der solidarischen Umverteilungspolitik aufgekommen. Ursache hierfür war die Erfahrung, daß eine unüberlegte Umverteilungspolitik den Wohlstand, den sie verteilen will, selbst untergräbt. Dies wurde zuerst an der finanziellen Überforderung des herkömmlichen Sozialstaates deutlich, die bisher nirgendwo nachhaltig überwunden scheint. Durch den Kollaps der sozialistischen Ideologie, die im Kern eine staatliche Verteilungsideologie war, geriet die Politik der Umverteilung noch weiter in die Defensive. Die Folge war, daß das gesellschaftliche Solidaritätsproblem zeitweilig verdrängt wurde und daß weder die innerstaatliche noch die zwischenstaatliche Solidarpolitik neue, zeitgemäße Impulse erhielt.

Es ist aber eine gegenläufige Entwicklung absehbar, die die Verdrängung des Solidaritätsproblems aufhebt und die politischen Gewichte wieder zugunsten der Solidarsparte verschiebt. Diese Entwicklung wird zum einen dadurch begünstigt, daß sich die Aufmerksamkeit der politischen Öffentlichkeit nach dem Verblassen des militärischen Bedrohungsempfindens stärker der inneren Verfassung der Gesellschaft zuwendet. Als zweites kommt hinzu, daß sich die gedankliche Assoziation von Umverteilung und Sozialismus allmählich verliert und nicht mehr dazu taugen wird, vom Problem der gesellschaftlichen Solidarität abzulenken. In einigen Ländern bleibt die Solidaritätsfrage zwar noch vom Ringen um politische Freiheiten und um das Ausleben nationaler, ethnischer und religiöser Bedürfnisse überlagert, aber auch dies ist ein zeitlich begrenzter Ablenkungseffekt.

Der wichtigste Grund für die Wiederaufwertung der Solidaritätsfrage wird aber der andauernde Trend zur Verschärfung der gesellschaftlichen Wohlstandsdiskrepanzen sein. Kein demokratischer Staat war in den zurückliegenden Jahrzehnten von diesem Trend ausgenommen. Fast überall ist die Kluft zwischen den Einkommen der Talentierten und der Ungeschickteren, der Glücklosen und der Glücklicheren, der Ausgebildeten und der Ungelernten und der Besitzlosen und Besitzenden – und damit letztlich zwischen den Wohlhabendsten und den Bedürftigsten in der Gesellschaft – kontinuierlich gewachsen.

Hieraus werden früher oder später neue, unausweichliche verteilungspolitische Ansprüche der weniger Wohlhabenden erwachsen. Zugleich werden die Wohlhabenderen sich von einer Solidarpolitik, die diesen Ansprüchen gerecht zu werden versucht, stärker denn je bedrängt fühlen. Alle Beteiligten werden unter dem Eindruck stehen, in dieser politischen Sparte stehe für sie mehr auf dem Spiel als zuvor. Dies läßt die solidarpolitischen Kontroversen politisch und moralisch noch brisanter werden, und entsprechend hoch wird vermutlich der Einsatz in der demokratischen Auseinandersetzung hierüber sein. Die gegenwärtigen rechtsextremistischen, nationalistischen und fundamentalistischen Tendenzen sind in vielen Ländern auch als Vorboten dieser verschärften Auseinandersetzung zu deuten. Sie sind diffuse Frühreaktionen auf ein latentes solidarstaatliches Ungenügen.

Eine Verschärfung der Wohlstandsdiskrepanzen findet nicht nur innerhalb bestehender Gesellschaften statt. Glück, Geschick, Ausbildung und Besitz sind auch geographisch immer ungleichmäßiger verteilt, so daß das Wohlstandsgefälle auch in der interregionalen und zwischenstaatlichen Betrachtung zunehmende Tendenz zeigt. Je größer dieses Gefälle aber ist, desto strittiger wird die Solidarpolitik zwischen den Bürgern ärmerer und reicherer Gebiete. Strittiger wird also die geographische Reichweite der Solidarpolitik und insbesondere der Grenzverlauf zwischen politischen Solidargemeinschaften.

Die herkömmlichen verteilungspolitischen Rezepte haben sich als ungeeignet erwiesen, diese Zuspitzungen des Solidarproblems zu verhindern. Daher werden neue Formen staatlicher Solidarität notwendig sein, um eine problemgerechte verteilungspolitische Handlungsfähigkeit herzustellen. Die Suche nach dieser neuen Solidarpolitik muß natürlich auf der gefestigten Einsicht aufbauen, daß die Umverteilung den Wohlstand nicht untergraben und den Staat nicht überfordern darf. Sie darf die desillusionierenden Erfahrungen mit der bisherigen Umverteilungspraxis nicht übergehen.

Die Desillusionierung über die herkömmliche Art der Umverteilungspolitik hatte vielfältige Ursachen. Viele sozial- und verteilungspolitische Instrumente wurden kostspieliger als geplant, weil der Kreis der Anspruchsberechtigten sich durch vermeintlichen oder tatsächlichen Mißbrauch unerwartet ausdehnte. Zudem waren die Begründungen der einzelnen verteilungspolitischen Maßnahmen moralisch immer schwerer nachvollziehbar. Dies hatte zur Folge, daß fast jede Maßnahme, die auf eine bestimmte Adressatengruppe abzielte, neue Verteilungsansprüche anderer Gruppen nach sich zog. Auf diese Weise entstand allmählich ein undurchschaubares Geflecht vom Umverteilungsinstrumenten, für das sich im nachhinein keine systematische Erklärung mehr geben ließ.

Noch undurchschaubarer und diffuser wurden die tatsächlich erzielten verteilungspolitischen Wirkungen. Regional- und Branchensubventionen, Steuervergünstigungen, Eigenheimförderung, sozialer Wohnungsbau, Kindergartensubventionen, Ausbildungsförderung und vieles mehr kamen einer immer heterogeneren und breiteren politischen Klientel zugute, die kaum noch in Solidaritätskategorien zu beschreiben war. Dies hatte nicht nur zur Folge, daß der Solidarstaat an die Grenze seiner finanziellen Möglichkeiten geriet. Es förderte zugleich bei immer mehr Bürgern den Argwohn, im Spiel der Verteilungspolitik zu den übergangenen Verlierern oder zu den übermäßig geschröpften Zahlmeistern zu gehören. Versuche, dem verteilungspolitischen Wildwuchs mit korrigierenden Einzelmaßnahmen nach Art der Fehlbelegungsabgabe im sozialen Wohnungsbau entgegenzutreten, konnten das Vertrauen in die solidarische Vernunft des Staates nicht wiederbeleben. Sie erhöhten eher die Sensibilität für verfehlte solidarpolitische Weichenstellungen und für die Unfähigkeit des Staates zu durchgreifenden verteilungspolitischen Reformen.

Die staatlich praktizierte Solidarität verlor auf diese Weise viel von dem einstmaligen Respekt, den sie in der Frühphase ihrer demokratischen Entstehungsgeschichte genossen hatte. Weil der Universalstaat seine moralischen Kategorien und verteilungspolitischen Instrumente zu bürgerfern entwickelt hatte, konnte er sich schließlich nicht mehr auf das spontane staatsbürgerliche Solidaritätsempfinden berufen. Es kam zu einer weitgehenden Entfremdung zwischen der Solidarpolitik und ihrer demokratischen Basis.

Die politische Lehre aus dieser Erfahrung ist, daß staatliche Verteilungspolitik in der Demokratie wieder enger an das spontane Solidaritätsempfinden angebunden werden muß, wenn sie langfristigen Erfolg haben soll. Eine wichtige Voraussetzung hierfür wäre bereits mit der Herauslösung der Solidarsparte aus dem allzuständigen Universalstaat geschaffen. Die Bürger hätten einen direkteren Einfluß auf die Entwicklung der Verteilungspolitik, und sie könnten einer Entfremdung dieser Politik vom solidarischen Empfinden rechtzeitiger und schlagkräftiger entgegenwirken.

Demokratischen Einfluß wollen die Bürger auch auf die Größe und Abgrenzung der Solidargemeinschaft erlangen. Sie wollen mit demokratischen Mitteln verhindern können, daß die politische Solidargemeinschaft über die Grenzen der spontanen Solidarität hinaus ausgeweitet wird. Ebenso wollen sie auf demokratischem Wege Grenzen beseitigen können, die ein in solidarischem Zusammengehörigkeitsgefühl verbundenes Volk durchschneiden. Gegebenenfalls wollen sie auch den Willen zur verteilungspolitischen Solidarität mit Landsleuten jenseits bestehender Staatsgrenzen demokratisch umsetzen können. Diese Möglichkeiten wären im Rahmen eigenständiger, demokratischer Solidarstaaten gegeben.

Grundlage des spontanen Solidaritätsempfindens ist immer eine gewisse emotionale Nähe und Verbundenheit, die sich nur in menschlichen Kleingruppen umstandslos einstellt. Je größer und je heterogener die Gemeinschaft ist, desto schwerer wird es, die emotionale Basis der Solidarität intakt zu halten und eine erfolgreiche staatliche Solidarpolitik zu betreiben. Je mehr Bürger den Eindruck haben, mit Teilen ihrer Solidargemeinschaft unfreiwillig zusammengeschlossen zu sein, desto schlechter ist der innere Zusammenhalt in dieser Gemeinschaft. Desto schlechter sind auch die Aussichten auf einen solidarpolitischen Konsens und damit die Erfolgsbedingungen für solidarische Politik. Der Spontaneität und Freiwilligkeit der Mitgliedschaft kommt daher bei den Solidargemeinschaften eine besonders große Bedeutung zu.

Von besonderer Bedeutung ist damit auch, ob über die Mitgliedschaft in der Solidargemeinschaft individuell oder kollektiv entschieden wird. Da die kollektive Entscheidung immer das Risiko der unfreiwilligen Zugehörigkeit birgt, spricht zunächst alles für die individuelle Mitgliedschaft. Dies würde bedeuten, daß Solidargemeinschaften analog zu den Traditionsgemeinschaften vereinsähnlich zu organisieren wären. Auch der Solidarstaat wäre demnach ein Staat ohne festes Staatsgebiet. Jeder Bürger müßte sich den Solidarverein, an den er seine Solidarsteuer abführen will, frei wählen können. Umgekehrt müßte aber auch der Solidarverein bestimmen können, wen er als Mitglied akzeptiert. Er dürfte zur Aufnahme von Beitrittswilligen nicht verpflichtet sein, wenn dies dem spontanen Solidaritätsempfinden innerhalb der Gemeinschaft zuwiderliefe.

Organisatorisch könnten solche vereinsartigen Gemeinschaften ihre solidarischen Aufgaben ohne weiteres erfüllen. Solidarpolitik zielt nicht auf ein Staatsgebiet ab, sondern immer nur auf eine bestimmte Gruppe von Menschen. Sie kann den Kreis der Zahler und den Kreis der Leistungsempfänger unabhängig von deren Wohnort genau abgrenzen. Wer seine persönliche Solidarsteuer an eine Solidargemeinschaft abführt, gewinnt damit einen eindeutigen persönlichen Anspruch auf deren solidarische Leistungen, und wer nicht zahlt, wird eindeutig aus diesem Anspruch ausgegrenzt. Für die innere Funktionsfähigkeit der Gemeinschaft wären damit alle Voraussetzungen erfüllt.

Spontaneität und Freiwilligkeit dürfen trotzdem nicht die einzigen Prinzipien sein, nach denen über die Mitgliedschaft in staatlichen Solidargemeinschaften entschieden wird. Der Grund hierfür ist, daß diese Gemeinschaften sich wegen ihrer organisatorisch bedingten Größe nicht auf die spontane Solidarität der menschlichen Kleingruppe verlassen können. Diese Größe läßt die Mitgliedschaft so anonym werden, daß neben der solidarischen Verbundenheit das opportunistische Kalkül zum dominierenden Motiv in der Abgrenzung des Mitgliederkreises werden kann.

Wenn die Solidargemeinschaften sich über einkommensabhängige Steuern finanzieren, liegt darin ein besonders starker Anreiz zur opportunistischen Abgrenzung. Einkommensstarke Gruppen könnten sich zu geschlossenen Gemeinschaften zusammenschließen, in denen überdurchschnittlich hohe Steuerbeiträge eingesammelt und dementsprechend überdurchschnittliche Solidarleistungen ausgeteilt werden. Die Solidargemeinschaften der übrigen, einkommensschwächeren Bevölkerung wären dementsprechend weniger leistungsfähig. Auf diese Weise würden die Solidargemeinschaften sich vornehmlich nach Einkommensgruppen auffächern. Am Ende der gesellschaftlichen Einkommensskala wäre von gesamtgesellschaftlicher Solidarität kaum noch etwas zu spüren.

Dieses Problem wird im herkömmlichen Staat zum Teil mit der kollektiven Zwangsmitgliedschaft in der Gemeinschaft der Steuerzahler gelöst. In dieser Zwangsgemeinschaft werden die Beiträge nach dem Prinzip der Leistungsfähigkeit erhoben, und hieraus werden Umverteilungsleistungen wie Kindergeld, Sozialhilfe, Arbeitslosenhilfe, Agrarsubventionen, Strukturfonds und ähnliches nach dem Bedürftigkeitsprinzip finanziert. Auch die gesetzlichen Sozialversicherungen funktionieren nur als Solidargemeinschaften mit kollektiver Zwangsmitgliedschaft. Nur diese kollektive Mitgliedschaft schützt vor dem opportunistischen Ausscheren der Wohlhabenderen aus einer umfassenderen gesellschaftlichen Solidarität.

Über die grundsätzliche Notwendigkeit einer solchen kollektiven Mitgliedschaft besteht ein gesellschaftlicher Grundkonsens, der über alle Einkommensgruppen und Wohlstandsschichten hinwegreichen dürfte. Niemand zweifelt daran, daß der anonyme Charakter der gesellschaftlichen Solidarität gewisse Zwangsmaßnahmen gegen das opportunistische Ausscheren erforderlich macht. Die Notwendigkeit staatlicher Regeln, die eine gewisse Durchmischung unterschiedlicher Wohlstands- und Bedürftigkeitsgruppen in den Solidargemeinschaften gewährleisten, wird allgemein anerkannt. An diesem Konsens würde sich nichts ändern, wenn die Solidaritätspolitik in einer eigenständigen Sparte verselbständigt wird.

Kollektive, in denen sich eine Durchmischung von Wohlhabenden und Bedürftigen ergibt, können natürlich nach vielerlei Kriterien gebildet werden. Unter anderem haben Berufsgruppen und Religionsgemeinschaften zu solchen solidarischen Kollektiven zusammengefunden. Als ein besonders einfaches, bewährtes und moralisch plausibles Kriterium bietet sich aber die Zugehörigkeit zu einem staatlichen Territorium an. Wenn dieses Kriterium angewendet wird, gibt es jeweils nur eine Solidargemeinschaft auf einem Territorium, und alle ständigen Bewohner eines Territoriums werden zu Zwangsmitgliedern der dort zuständigen Gemeinschaft. Die Grenzen des Solidarstaates wären demnach geographische Grenzen, über die in ähnlicher Weise demokratisch zu entscheiden ist wie über die Grenzen des militärischen Sicherheitsstaates, des Währungsstaates und des Verwaltungsstaates. Der Solidarstaat wäre keine vereinsähnliche Gemeinschaft, sondern ein Gebietsstaat. (Zum Recht auf Mitgliedschaft in der Solidargemeinschaft s. auch Anm. 10, S. 156.)

Diese Art kollektiver Mitgliedschaft bietet sich für den Solidarstaat unter anderem deswegen an, weil sie mit gewohnten solidarpolitischen Denkkategorien übereinstimmt. Ihr wäre eine hohe Akzeptanz in der Bevölkerung gewiß. Nur in gemischt besiedelten Regionen, in denen verfeindete Bevölkerungsgruppen einander unversöhnlich gegenüberstehen, könnte die gegenseitige Toleranz zu gering sein, um eine Einigung über eine allen gemeinsame Solidarkasse zu ermöglichen. Bosnien-Herzegowina könnte ein Beispiel dafür sein, daß ein friedliches Nebeneinander der Bevölkerungsgruppen nicht nur mehrere Traditions- und Identifikationsgemeinschaften, sondern auch mehrere Solidargemeinschaften in einer Region erfordert. Dies allerdings sollte der seltene Ausnahmefall sein, über den eine einzelne Bevölkerungsgruppe nicht eigenmächtig entscheiden dürfte.

Interregionale Solidarität im herkömmlichen Solidarstaat

Mit der kollektiven, an das jeweilige Solidarstaatsgebiet geknüpften Mitgliedschaft wäre ein Mindestmaß an gesellschaftlicher Solidarität gesichert und der opportunistischen Entsolidarisierung einzelner Bevölkerungsschichten ein Riegel vorgeschoben. Zugleich stellt sich aber das Problem der interregionalen Solidarität in um so schärferer Form. Für wohlhabendere Regionen besteht der opportunistische Anreiz, die Solidarität mit ärmeren Nachbarregionen aufzukündigen. Sobald die bestehenden Staatsgrenzen ihre Verbindlichkeit verloren haben, kann dieser Anreiz sich in entsprechenden demokratischen Aufkündigungsbeschlüssen niederschlagen. Wo immer ein merkliches interregionales Wohlstandgefälle besteht, droht der unsolidarische Austritt wohlhabender Regionen aus dem Solidarstaatsgebiet. Als Bürger eines eigenständigen Solidarstaates könnten die Bewohner dieser Regionen relativ leicht den materiellen Vorteil ausrechnen, der mit solchem Austritt verbunden wäre.

In allzuständigen Universalstaaten ist es selten zu offenen demokratischen Kontroversen über die interregionale Solidarität gekommen. Ein Grund hierfür war, daß es an der klaren Kalkulationsgrundlage für den Preis dieser Solidarität fehlte und daß die Vor- und Nachteile bestimmter Staatsgrenzen nicht an einem so klaren Kriterium wie der Solidarsteuer ablesbar waren. Der zweite und wichtigere Grund war, daß eine wohlhabende Region im Universalstaatssystem die interregionale Solidarität nicht aufkündigen konnte, ohne gleichzeitig den bestehenden Sicherheits-, Traditions-, Währungs- und Verwaltungsstaat zu verlassen. Selbst wenn die Universalstaaten ihre Grenzen der demokratischen Abstimmung unterwürfen, wäre daher nur mit vereinzelten Austrittsbegehren der wohlhabenden Regionen zu rechnen.

Trotzdem muß die interregionale Solidarität natürlich auch im Universalstaat laufend politisch gestaltet werden. Um Ausmaß und Grenzen dieser Solidarität wird daher, wenn auch in relativ unauffälliger Form, ständig gerungen. Wenn beispielsweise in Deutschland derzeit die Regionalisierung der gesetzlichen Sozialversicherungen diskutiert wird, geht es hierbei um nichts anderes als die interregionale Solidarität der Beitragszahler. Es geht darum, daß im Falle der Regionalisierung unter anderem die Bayern etwas niedrigere Beitragssätze und damit einen etwas höheren Lebensstandard erwarten könnten.

Die interregionale Solidarität wird um so stärker strapaziert, je ausgeprägter und dauerhafter die interregionalen Wohlstandsunterschiede innerhalb eines Solidarstaatsgebietes sind. Ein aktuelles Beispiel hierfür ist das nord-südliche Wohlstandsgefälle in Italien. Dort fühlt sich der Norden seit langem als überbeanspruchter Zahlmeister des wirtschaftlich viel schwächer entwickelten Südens. Die interregionale Entsolidarisierung hat als politisches Programm in Norditalien bereits eine beträchtliche Anhängerschaft gefunden. In Deutschland ist als Folge der Wiedervereinigung inzwischen ein interregionales Solidaritätsproblem noch dramatischeren Ausmaßes entstanden. Zwischen den alten und den neuen Bundesländern ist auf längere Sicht eine größere interregionale Wohlstandsdiskrepanz zu überbrücken als je zuvor in einem nationalen, demokratischen Sozialstaat. Hier werden die Grenzen der Belastung erkennbar werden, denen die interregionale Solidarität in der demokratischen Auseinandersetzung standhält.

Die reichere Region kann sich in einer interregionalen Solidargemeinschaft auf zweierlei Weise überbeansprucht fühlen. Zum einen zahlt sie wegen der höheren Einkommen höhere Pro-Kopf-Beiträge in die gemeinsame Solidarkasse ein. Hinzu kommt häufig, daß in der ärmeren Region der Anteil der Arbeitslosen höher und dadurch der Anteil der Steuerzahler an der Bevölkerung niedriger ist. (In die Kategorie der Arbeitslosen werden hier auch Vorruheständler und alle anderen nichtbeschäftigten Arbeitskräfte einbezogen.) Hohe Arbeitslosenanteile haben sich in wirtschaftlich schwächeren Regionen, zumal in peripherer geographischer Lage, immer wieder aufgebaut, und sie zeigen sich zum Teil auch gegen außergewöhnlich gute Konjunkturlagen resistent.

Die ärmere Region mit der höheren Arbeitslosigkeit stellt, gemessen an der Bevölkerungszahl, nicht nur weniger Zahler an die Solidarkasse, sondern sie stellt auch überproportional viele Leistungsempfänger. Dies strapaziert das Solidaritätsempfinden in der reicheren Region häufig noch stärker als das Einkommensgefälle. Es fördert in den wohlhabenderen Regionen, in denen die Arbeitslosigkeit relativ gering ist, Vorurteile gegen die Bevölkerung der wirtschaftlich schwächeren Region. Der Vorwurf des mangelnden Leistungswillens, der Drückebergerei und des Mißbrauchs sozialer Leistungen ist unter diesen Umständen schnell bei der Hand. In einem eigenständigen Solidarstaat kann dies zum entscheidenden Kriterium für den demokratischen Entschluß zur Aufkündigung der interregionalen Solidarität, d.h. zur Spaltung des Staates werden.

Wie sich die politische Landkarte selbständiger Solidarstaaten entwickeln würde, hängt daher in hohem Maße von der Bewältigung des Problems der regionalen Arbeitslosigkeit ab. Die interregionale Solidarität wird labiler, wenn das Wohlstandsgefälle von einem ebensolchen Gefälle der Beschäftigung bzw. der Arbeitslosigkeit begleitet wird. Besonders ungünstig würde sich daher eine solidarische Umverteilungspolitik auswirken, zu deren ungewollten Nebeneffekten eine Schwächung des Arbeitsmarktes und ein überproportionaler Anstieg der Arbeitslosigkeit in den ärmeren Regionen gehört.

Mit genau diesem Effekt muß aber gerechnet werden, wenn die Solidarität mit dem herkömmlichen sozialstaatlichen Intrumentarium praktiziert wird. Ein konkretes Beispiel hierfür ist das Nord-Süd-Gefälle in Italien, das zugleich ein Wohlstandsgefälle und ein umgekehrtes Gefälle der Arbeitslosenquoten ist. Daß der geringere Wohlstand mit höherer Arbeitslosigkeit einhergeht, ergibt sich aus keinem Gesetz des Marktes, sondern ist in erster Linie das Resultat einer bestimmten Form interregionaler Solidarpolitik. Man kann sich daher eine Analyse dieser Politik und ihrer Wirkungsweise nicht ersparen, wenn man über die demokratische Reichweite interregionaler Solidarität in einem eigenständigen Solidarstaat urteilen will. Hierfür ist die kurze Einlassung auf eine etwas umständliche arbeitsmarkttheoretische Argumentation notwenig. (Die folgende Argumentation ist ausführlicher dargestellt in: B. Wehner, Die Grenzen des Arbeitsmarktes, Marburg 1991, Kap. 3.)

In der wirtschaftlich schwächeren Region hat die verrichtete Arbeit aus verschiedenen Gründen einen geringeren Marktwert als in der wohlhabenderen. Geringere Kapitalausstattung, Standortnachteile, schlechtere Ausbildung der Beschäftigten, veraltete Branchenstruktur und anderes kommen als Ursachen hierfür in Frage. Dieses interregionale Gefälle im Marktwert der Arbeit schlägt sich zumindest teilweise in einem entsprechenden Gefälle der Arbeitseinkommen nieder.

Die herkömmliche Politik der interregionalen Solidarität nimmt sich zum Ziel, die Einkommen in der ärmeren Region denjenigen der reicheren Region anzunähern. Damit folgt sie einem spontan entstehenden politischen Anspruch, die regionalen Lebensverhältnisse innerhalb der Solidargemeinschaft anzugleichen. Eine solche Einkommensangleichung kann zwar auf sehr verschiedenen Wegen realisiert werden. Herkömmliche politische Praxis ist es aber, vorrangig auf die Höhe der Arbeitseinkommen einzuwirken. Dies erscheint u. a. deswegen naheliegend, weil damit zugleich die nach dem Arbeitseinkommen bemessenen Renten und Sozialtransfers angeglichen werden und auf diese Weise fast die gesamte Bevölkerung der unterstützten Region von den betreffenden Maßnahmen profitieren kann.

Eins der wichtigsten Instrumente zur Angleichung der Arbeitseinkommen ist die Subventionierung von Investitionen. Wenn durch diese Subventionen Investitionskapital in die schwächere Region umgelenkt wird, führt dies dort zu einer höheren Arbeitsproduktivität. Es entstehen moderne Produktionsstätten, in denen tatsächliche höhere, dem Niveau der wirtschaftlich stärkeren Region angepaßte Arbeitseinkommen bezahlbar sind.

Bei solchen staatlich geförderten Investitionen handelt es sich aber um punktuelle Maßnahmen, mit denen Inseln hoher Arbeitsproduktivität in einer insgesamt weiterhin schwächeren Region geschaffen werden. Einem relativ geringen Anteil der Arbeitskräfte wird es ermöglicht, vergleichsweise hohe, an den reicheren Regionen orientierte Lohnansprüche durchzusetzen. Diese punktuell erzielten Löhne prägen dann aber bei vielen anderen Arbeitskräften in der ärmeren Region die Erwartungen und die Ansprüche. Es fällt ihnen schwer, sich in die niedrigeren Löhne zu fügen, die der Produktivität des größten Teils der Arbeitsplätze entsprechen. Zumindest vorübergehend neigen sie dazu, schlechter entlohnte Beschäftigungsmöglichkeiten auszuschlagen. Dies ist ein erster Faktor, der den regionalen Anstieg der Arbeitslosigkeit begünstigt.

Neben die Subventionierung der Investitionen tritt als zweite Maßnahme der interregionalen Solidarität eine Angleichung des sozialen Sicherungsnetzes. Im allgemeinen beinhaltet dies, daß Arbeitslose und andere Nichtbeschäftigte in der schwächeren Region mit gleich hohen Beträgen unterstützt werden wie im übrigen Staat. Sozialhilfe, Arbeitslosenunterstützung, Vorruhestandsgeld, Umschulungsbeihilfen und anderes orientieren sich nicht an regionalen, sondern an den gesamtstaatlich gemessenen Einkommensmöglichkeiten. Dies hat in der schwächeren Region zur Folge, daß die Unterstützungszahlungen für viele unbeschäftigte Arbeitskräfte höher – oder nur wenig niedriger – liegen als das erreichbare, an der Produktivität orientierte Arbeitseinkommen. Die Arbeitskräfte fühlen sich dadurch in ihrem zu hohen Lohnanspruch auch in der Arbeitslosigkeit noch bestätigt. Der Staat wirbt damit einen beträchtlichen Teil der Arbeitskräfte quasi in die Arbeitslosigkeit ab. Auch Vorruhestand und andere Formen der Nicht-Beschäftigung werden auf diese Weise gegenüber der Beschäftigung zu bevorzugten Alternativen.

Auf längere Sicht reagieren die Unternehmen hierauf, indem sie zu den niedrigen Löhnen, die den untersten Produktivitätsbereichen in der schwächeren Region entsprechen würden, keine Arbeitsplätze mehr bereitstellen. Im niedrigen Lohnbereich gibt es dann weder ein wirksames Angebot noch eine wirksame Nachfrage nach Arbeitskräften. Weil die Lohnforderungen auch in den darüberliegenden Bereichen, gemessen an der Produktivität, vergleichsweise hoch bleiben, bleibt darüber hinaus die Bereitschaft der Unternehmen zu privaten, nicht subventionierten Investitionen gering.

Auf diese Weise stellt sich ein regionales wirtschaftliches Gleichgewicht mit einer überdurchschnittlich hohen Arbeitslosenquote ein. Die ärmere Region wird zum permanenten Kostgänger der wohlhabenderen. Wegen der großen Anzahl nichtbeschäftigter Arbeitskräfte vermittelt sie zugleich den Eindruck, diesen Zustand aus eigener Kraft nicht ändern zu wollen. Die Bereitschaft, interregionale Solidarität zu praktizieren, wird dadurch erheblich beeinträchtigt. In einem Staat mit starren Grenzen kann dies langfristig zur Folge haben, daß der Solidaritätsgedanke als solcher verfällt und die Solidargemeinschaft insgesamt an politischer Substanz verliert. In einem Solidarstaat, über dessen Grenzen demokratisch entschieden wird, verstärkt es den Anreiz zum Ausschluß der ärmeren Regionen. (Die Ursachen der hohen regionalen Sockelarbeitslosigkeit sind detaillierter erläutert in Anm. 11, S. 157.)

Der Zusammenhang zwischen interregionalem Wohlstands- und interregionalem Arbeitslosigkeitsgefälle ist nicht in allen Staaten gleichermaßen ausgeprägt. Vielfach sind die Wohlstandsunterschiede zu gering, um dieses Problem statistisch signifikant werden zu lassen. Es bestehen auch von Staat zu Staat Unterschiede in der Intensität und Konzeption interregionaler Solidarität, so daß Lohnhöhe und Investitionsbereitschaft in der wirtschaftlich schwächeren Region unterschiedlich stark beeinflußt werden. Der Mechanismus, der in den schwächeren Regionen die höhere Arbeitslosigkeit hervorbringt, ist im Grundsatz aber überall präsent.

Genau dieser Mechanismus war es auch, der in den neuen Bundesländern innerhalb von nur zwei Jahren gesamtdeutscher Solidarität das Volumen der regulär geleisteten Arbeit halbiert hat und auf absehbare Zeit einen extrem hohen Arbeitslosigkeitssockel hinterlassen wird. Dieser dauerhafte Arbeitslosigkeitssockel wird, wenn man Vorruhestand, Arbeitsbeschaffung und ähnliches einbezieht, etwa ein Drittel der gesamten Erwerbsbevölkerung ausmachen. Damit wird der ostdeutsche Arbeitsmarkt zu einem Lehrstück für den hier skizzierten Zusammenhang zwischen interregionaler Solidarität und regionaler Arbeitslosigkeit. Zugleich wird er aber ein Testfall dafür werden, unter welchen Bedingungen der demokratische Wille andere Formen interregionaler Solidarpolitik erzwingt. (Siehe hierzu auch B. Wehner, Das Fiasko im Osten, Marburg 1991.)

Lehrstück ist das west-östliche Wohlstandsgefälle in Deutschland allerdings auch dafür, wie schwer die interregionalen Solidarleistungen für die Bürger zu durchschauen sind. Das Volumen dieser Leistungen ist nicht offen ausgewiesen, und selbst die zuständigen Experten haben Mühe, es zuverlässig zu beziffern. Am schwersten durchschaubar sind die Zusammenhänge für den Bürger natürlich dann, wenn die interregionale Solidarität – wie derzeit in Deutschland und auch in Italien – überwiegend durch staatliche Kreditaufnahme finanziert wird. Je unübersichtlicher der interregionale Mitteltransfer angelegt ist, desto weniger ist mit einer offenen demokratischen Auseinandersetzung hierüber zu rechnen und desto geringer ist der politische Rechtfertigungsdruck. Es kann zu einer Art heimlicher politischer Solidarität mit der ärmeren Region kommen, über deren Ausmaß die Bürger der reicheren Region relativ lange hinweggetäuscht werden. Ein Solidarstaat kann auf diese Weise seine Grenzen und sein Bestehen gegen den eigentlichen demokratischen Willen in der reicheren Region sichern.

Unterderhand mögen Politiker dies mit dem Argument rechtfertigen, die Intransparenz des Mitteltransfers ermögliche erst eine konsequente, moralisch besonders anspruchsvolle Solidarpolitik. Sie unterstellen damit, der solidarische Gedanke sei bei der politischen Klasse stärker ausgeprägt als an einer eigennützig denkenden demokratischen Basis. Diesem Argument sind viele politische Praktiker tatsächlich zugeneigt. Zumindest stillschweigend wird es auch von manchen politischen Beobachtern gebilligt, die sich ansonsten für konsequente Demokraten halten. Für die ökonomische Praxis und die politische Moral hat ein solches Argument aber gleichermaßen verhängnisvolle Folgen. Hiermit wird nicht nur eine implizite Entmündigung des Bürgers in einem der wichtigsten demokratischen Belange riskiert. Stillschweigend wird auch in Kauf genommen, daß eine der öffentlichen Aufmerksamkeit entzogene Solidarpolitik ihre Mittel ineffizient und zweckwidrig einsetzt. Dies führt langfristig dazu, daß die interregionale Solidarität immer teurer wird und daß infolgedessen auch die latenten interregionalen Konflikte immer schwerer beherrschbar werden. Die politische Lebensdauer dieser heimlichen, moralisch zunächst so selbstbewußt vertretenen Art der Solidarpolitik ist daher begrenzt.

In einem eigenständigen Solidarstaat wäre diese Lebensdauer sogar besonders kurz. Wenn ein eigenständiger Solidarstaat sich ausschließlich über eine Solidaritätssteuer auf die persönlichen Einkommen finanziert, wäre dadurch bereits eine wesentlich verbesserte Transparenz der interregionalen Solidartransfers erreicht. Das Volumen dieser Transfers ließe sich vor dem Bürger weniger leicht verheimlichen als in der Einheitskasse des allzuständigen Universalstaates. Dies wäre schon ein wichtiger Schritt in Richtung auf eine offenere, rationalere und damit auch demokratischere Politik der interregionalen Solidarität.

Um die interregionale Solidarität für den demokratischen Prozeß vollständig transparent zu machen, müßten letztlich aber auch auf der Ausgabenseite einfachere, leichter durchschaubare Instrumente geschaffen werden. Vor allem müssen Formen von Solidarleistungen gefunden werden, die nicht ungewollt hohe Arbeitslosigkeit und geringe private Investitionsbereitschaft in den schwächeren Regionen zur Folge haben. Ein selbständiger Solidarstaat muß daher auch in seinem Ausgabeinstrumentarium neue Wege beschreiten, um die interregionale Solidarität demokratisch abzusichern und dem Zerfall seines Staatsgebietes vorzubeugen.

Die Bürgergeldlösung

Der Solidarstaat kann sich eines sehr einfachen Instrumentes bedienen, um die Mittelverwendung transparent zu machen und zugleich das Problem der regionalen Arbeitslosigkeit zu entschärfen. Diese Lösung ist das sogenannte *Bürgergeld*. Als Bürgergeld wird ein Sockeleinkommen bezeichnet, das der Solidarstaat allen Bürgern regelmäßig in gleicher Höhe auszahlt, und zwar unabhängig vom Alter, vom Erwerbsstatus und sonstigen Lebensumständen. Jedes Kind und jeder Erwachsene, jeder Erwerbstätige und jeder Arbeitslose, jeder Kranke und Gesunde, jeder Arbeitnehmer und jeder Selbständige, jeder Student, jeder Rentner, jede Hausfrau, jeder Beamte und jeder sorglose Müßiggänger wären Empfänger dieses Sockeleinkommens. Jeder bekäme also vom Solidarstaat einen Teil seiner Lebenshaltungskosten vorab erstattet, ohne daß er hierfür gearbeitet haben müßte.

Die Wirkungsweise und die administrative Handhabung des Bürgergeldes brauchen an dieser Stelle nicht ausführlich dargestellt zu werden. (Ausführlichere Darstellungen finden sich in: B. Wehner, Der neue Sozialstaat, Opladen 1991; ders., Die Katastrophen der Demokratie, Darmstadt 1992; ders., Der lange Abschied vom Sozialismus, Frankfurt a.M. 1990.) Auch auf dessen weitreichende Bedeutung für Vollbeschäftigung, Einkommensgerechtigkeit, Wirtschaftswachstum und Staatsfinanzen muß im vorliegenden Zusammenhang nicht eingegangen werden. Das Bürgergeldsystem soll hier nur insoweit kurz skizziert werden, als es Auswirkungen auf die Reichweite innerstaatlicher Solidarität hat.

Grundbedingung für ein funktionsfähiges Bürgergeldsystem ist, daß neben dem Bürgergeld keine anderen verteilungspolitischen Instrumente zum Einsatz kommen. Das Bürgergeld muß also das einzige, ausschließliche Instrument der staatlichen Verteilungspolitik und der staatlichen Risikovorsorge für den einzelnen Bürger sein. Insoweit es nicht schon von sich aus eine hinreichende soziale Absicherung darstellt, muß es den Bürger in die Lage versetzen, zusätzliche private Risikovorsorge aus eigener Tasche zu bezahlen. Es wird also nicht zusätzlich zur Sozialhilfe, zum Kindergeld, zur Regionalsubvention, zum Arbeitslosengeld, zum sozialen Wohnungsbau, zum staatlichen Zuschuß an die Rentenkassen und vielem anderen bezahlt, sondern es muß an die Stelle all dieser Maßnahmen treten. Nur unter dieser Bedingung ist das Bürgergeld bezahlbar. Nur in der Eigenschaft als einziges und alleiniges Instrument der Solidarpolitik ist es auch in seiner Wirkungsweise vollkommen transparent. Nur so ist es schließlich auch für durchschnittliche Politiker beherrschbar und frei von ungewollten Nebenwirkungen wie der regionalen Arbeitslosigkeit.

Wenn es das wirklich einzige Instrument der Solidarpolitik ist, kann das Bürgergeld hoch genug bemessen werden, um jedem Bürger eine individuelle Vorsorge für die verbleibenden Lebensrisiken zu ermöglichen. Jeder wäre mit Hilfe des Bürgergeldes in der Lage, sich ausreichenden Versicherungsschutz nicht nur für Alter, Krankheit und Pflegebedürftigkeit, sondern auch für extreme Einkommensrisiken der Arbeitslosigkeit zu verschaffen. Jeder Bürger sollte vom Solidarstaat darüber hinaus verpflichtet werden, solchen privaten Versicherungsschutz in einem gewissen Mindestumfang vorzuhalten.

Die ausschließliche Finanzierungsquelle des Bürgergeldes wäre die Einkommensteuer. Die laufenden Einnahmen aus dieser Steuer würden vom Solidarstaat unmittelbar als Bürgergeld ausgeschüttet. Das Bürgergeld wäre damit unmittelbar an das aktuelle Niveau der persönlichen Einkommen gekoppelt. Es würde einen festen Prozentsatz des gesamtgesellschaftlichen Wohlstandes ausmachen, und dieser Prozentsatz wäre durch den Steuersatz der Solidarsteuer bestimmt. Wie hoch dieser Steuersatz – und damit das Bürgergeld – wäre, würden die Bürger durch ihr demokratisches Engagement selbst bestimmen. Das von ihnen gewählte Solidarparlament und der daraus hervorgehende Verteilungsrat würden darüber wachen, daß die Höhe des Bürgergeldes den gesellschaftlichen Verteilungskonsens wahrt. (Zu weiteren Details des Bürgergeldsystems s. Anm. 12, S. 157.)

Der Zugewinn an Transparenz gegenüber jedem herkömmlichen System der solidarischen Umverteilung ist hier offenkundig. Jeder Bürger könnte nicht nur seinen finanziellen Beitrag zur Solidargemeinschaft an seiner persönlichen Solidarsteuer ablesen. Am Unterschiedsbetrag zwischen der Solidarsteuer und dem Bürgergeld könnte er ebenso genau ablesen, ob und in welcher Höhe er Nettozahler oder Nettoempfänger des Solidarsystems ist.

Sehr viel leichter nachvollziehbar wären auf dieser Grundlage auch die interregionalen Umverteilungen innerhalb der Solidargemeinschaft. Die Öffentlichkeit könnte sich ein klares Bild davon machen, wie die Nettozahler und Nettoempfänger des Systems regional verteilt sind. Entsprechend klar wäre auch, welche Vor- und Nachteile von eventuellen Grenzkorrekturen des Solidarstaates zu erwarten wären. In der Öffentlichkeit würde viel aufgeklärter darüber gestritten, ob beispielsweise die Grenzen der sogenannten Nation oder des Verwaltungsstaates auch als Grenzen des Solidarstaates taugen.

Die Auswirkungen auf das interregionale Gefälle der Arbeitslosigkeit gehen nicht unmittelbar vom Bürgergeld als solchem aus. Der Arbeitsmarkt in der wirtschaftlich schwächeren Region wird im Bürgergeldsystem vielmehr dadurch beeinflußt, daß alle anderweitigen Subventionen und Sozialtransfers abgeschafft werden. Es gäbe für Arbeitslose und andere Nichtbeschäftigte keine staatlichen Unterstützungszahlungen mehr, die die Lohnansprüche in der schwächeren Region von der dortigen Produktivität abkoppeln. Es gäbe auch keine staatlich subventionierten Investitionen mehr, die in der schwächeren Region Hochlohninseln mit ihren verzerrenden Auswirkungen auf das gesamte Lohngefüge entstehen lassen. Damit wären die staatlichen Einflüsse, die auf eine Abweichung des interregionalen Lohngefälles vom interregionalen Gefälle der Arbeitsproduktivität hinwirken, beseitigt. Wer dieses Lohngefälle nicht akzeptiert, wäre auf private Lösungsstrategien angewiesen. Er müßte sich um privates Einkommen außerhalb des Arbeitsmarktes bemühen oder in die wohlhabendere Region abwandern.

Der Mechanismus, der in den wirtschaftlich schwächeren Regionen höhere Arbeitslosigkeit entstehen läßt, wäre damit weitgehend außer Kraft gesetzt. Es würden sich interregionale Lohnstrukturen einstellen, bei denen die Arbeitskräfte in der schwächeren Region fast ebenso leicht Arbeit finden wie in den wohlhabenderen. Auch die private Investitionsbereitschaft bliebe innerhalb des Staatsgebietes gleichmäßig verteilt. Eventuelle regionale Strukturprobleme würden durch private Investitionstätigkeit zügig überwunden, und überdurchschnittliche regionale Sockelarbeitslosigkeiten würden dadurch in relativ kurzer Frist abgebaut.

Die Produktivitätsunterschiede – und damit die materiellen Wohlstandsunterschiede – zwischen prosperierenden und ärmeren Regionen werden dadurch zwar natürlich nicht eingeebnet. In allen Regionen wird unter solchen Umständen aber etwa gleich viel gearbeitet, so daß jede Region den ihr möglichen Beitrag zur Solidarkasse beisteuert. Es gäbe keinen Anlaß mehr für den Argwohn der Bürger in den wohlhabenderen Regionen, sie subventionierten die mangelnde Arbeitsbereitschaft und den mangelnden Leistungswillen anderer. In einem eigenständigen Solidarstaat kann dies ausschlaggebend dafür sein, daß das demokratische Einverständnis der reicheren Regionen in die interregionale Solidargemeinschaft gewahrt und damit die separatistische Spaltung vermieden wird. (Zur formalisierten Darstellung dieses Argumentes s. Anm. 13, S. 157.)

Dieses Verfahren wäre natürlich keine Bestandsgarantie für die Grenzen von Solidarstaaten. Wenn eigenständige Solidarstaaten auf den Staatsgebieten heutiger Universalstaaten entstünden, wäre auch in einem Bürgergeldsystem mit vielen regionalen Abspaltungen und Übertritten zu rechnen, zumal den wohlhabenderen Regionen die Vorteile einer Aufkündigung der Gemeinschaft deutlicher denn je vor Augen stünden. Dies bedeutet aber keineswegs, daß von allen moralischen Kategorien im Umgang mit dem interregionalen Wohlstandsgefälle Abschied genommen würde. Zunächst einmal käme es in der Öffentlichkeit zu einem klaren politisch-moralischen Diskurs hierüber und dementsprechend zu einer offenen Abwägung zwischen Solidarität und Opportunität. Die Grenzen der interregionalen Solidarität würden daraufhin vermutlich etwas enger gezogen, als man es in größeren, heterogenen Staaten bisher gewohnt war. Wo immer diese Solidarität aber demokratisch bejaht würde, wäre ihre politische Basis um so verläßlicher.

Selbst wenn sich die Regionen einer staatlichen Solidargemeinschaft nicht mit einem einheitlichen Bürgergeld zusammenhalten lassen, ist damit noch nicht das Ende der verteilungspolitischen Solidarität zwischen diesen Regionen besiegelt. Wenn beispielsweise ein großer Solidarstaat sich in zwei kleinere aufgespalten hat, kann auch über die neu entstehende Staatsgrenze hinweg noch eine demokratisch bejahte, wenngleich eingeschränkte verteilungspolitische Solidarität geübt werden. Es sind zum Beispiel solidarstaatliche Assoziierungsverträge vorstellbar, in denen ein sich abspaltender reicherer Staat einem übrigbleibenden ärmeren eine Bürgergeldhilfe zusichert, d.h. einen Einkommenszuschuß an jeden Bürger des ärmeren Staates. Dies kann eine Überbrückungshilfe sein, die den Bürgern des ärmeren Staates nach der Abspaltung als vorübergehende Trennungsentschädigung gewährt wird. Es kann aber ebenso eine dauerhafte Hilfe sein, wenn sich in der reicheren Region hierfür aus kultureller und moralischer Verbundenheit eine demokratische Mehrheit findet.

Grenzüberschreitende Solidarleistungen gab und gibt es auch in den zwischenstaatlichen Beziehungen herkömmlicher Universalstaaten. Es gibt sie in Form einmaliger Hilfen für Entwicklungsländer oder für Staaten, die sich in so akuten wirtschaftlichen Umstellungskrisen befinden wie das heutige postsozialistische Europa. Es gibt sie aber auch in fest institutionalisierter Form beispielsweise als Struktur- und Kohäsionsfonds der EG. Diese EG-Fonds sind Beispiele dafür, daß es eine dauerhafte demokratische Basis für eine beschränkte grenzüberschreitende Solidarpolitik geben kann, wenn die solidarische Verbundenheit nicht für einen gemeinsamen Solidarstaat ausreicht.

Die EG ist aber zugleich ein Beispiel dafür, welche geringen und ambivalenten Wirkungen mit den herkömmlichen Formen grenzüberschreitender Solidarität erzielt werden. Größtenteils werden die solidarischen Leistungen innerhalb der EG als Subventionen für private und öffentliche Investitionen gewährt. Dies wird von den Bürgern der Empfängerstaaten moralisch kaum honoriert, da sie den Mittelfluß nicht nachvollziehen können und ihn im eigenen Portemonnaie nicht spüren. Auf dem Arbeitsmarkt haben diese Subventionen zudem ähnliche negative Nebenwirkungen, wie sie oben für die herkömmliche interregionale Hilfe dargestellt wurden, d. h. einen Anstieg der Arbeitslosigkeit in den subventionierten Gebieten. Der direkte Bürgergeldzuschuß wäre eine Form zwischenstaatlicher Solidarität, die all diese Nachteile ausschließt. Ihr wäre die angemessene öffentliche Aufmerksamkeit der Empfänger gewiß. Sie würde daher moralisch und politisch entsprechend honoriert, und sie hätte keine negativen Effekte auf den Arbeitsmarkt.

Ein Solidarstaatensystem, in dem Verteilungspolitik ausschließlich mit dem Bürgergeld betrieben würde, eröffnet auf diese Weise auch neue Perspektiven für die zwischenstaatliche Solidarpolitik. In diesem System wären die demokratischen Entscheidungen über die Grenzen des Solidarstaates nicht zwangsläufig auch verteilungspolitische Ausgrenzungsentscheidungen. Zwischen der Gemeinsamkeit der staatlichen Solidarkasse, aus der für alle ein gleich hohes Bürgergeld bezahlt wird, und der bedingungslosen Aufkündigung dieser Gemeinsamkeit bieten zwischenstaatliche Vereinbarungen genügend Kompromißmöglichkeiten.

Die Staatsgrenzen von Solidarstaaten lassen sich nur nach zwei Prinzipien bestimmen. Das eine Prinzip ist das hier skizzierte demokratische, das einigen wohlhabenden Regionen neue, opportunistische Optionen der Grenzkorrektur eröffnet. Das andere Prinzip ist die Festschreibung vorhandener Grenzen und damit die Verbannung des interregionalen Solidaritätsproblems von der politischen Tagesordnung. Jeder Blick auf die geltende politische Landkarte macht deutlich, wieviel historisches Unrecht dieses Prinzip perpetuiert. In den aktuellen politischen Konfliktregionen zeigt sich auch, welche heftigen Widerstände dieses Prinzip heraufbeschwören kann. Es zwingt viele Bürger zum unfreiwilligen Verbleib in artifiziellen Solidargemeinschaften und schafft letzten Endes Anreize zu deren gewaltsamer Auflösung. Dem aufgeklärten Anspruch auf politische Selbstbestimmung halten die festgeschriebenen Grenzen auf Dauer nicht stand.

Letzten Endes wird daher die interregionale Solidarität nicht vom demokratischen Prinzip ausgenommen werden können. Auch über die Grenzen des Solidarstaates müssen die Bürger aller Regionen demokratisch entscheiden können. Trotzdem sind für den Solidarstaat noch dringender als für die anderen Staatssparten gewisse zwischenstaatliche Regeln notwendig, nach denen Spaltung, Integration und Übertritt von Staatsgebieten abzuwickeln sind. Es bedarf einer zwischenstaatlichen Charta, die das demokratische und administrative Prozedere solcher Vorgänge friedlich regelt.

5. DIE ZWISCHENSTAATLICHE WETTBEWERBSORDNUNG

Koordination oder Evolution der Wettbewerbsregeln?

Durch die Einrichtung unabhängiger Staatssparten mit eigenen Staatsgrenzen wird die politische Wahlfreiheit der Bürger erheblich erweitert. Zugleich wird – und dies ist mindestens ebenso wichtig – der friedliche Wettbewerb unter den Staaten intensiviert. Staatsführungen sind in ihrer jeweiligen Sparte nicht mehr nur dem eventuellen Widerspruch unzufriedener Bürger ausgesetzt. Ihnen droht bei Unzufriedenheit über ihre politische Leistung auch ein Verlust an Staatsvolk und Staatsgebiet. Dies steigert den politischen Leistungsanreiz, und es fördert die zeitige Korrektur politischer Fehlentwicklungen. Die Freiheit, in einzelnen Staatssparten die Mitgliedschaft durch kollektiven Aus- oder Übertritt zu wechseln oder sogar individuell über die Mitgliedschaft befinden zu können, ist daher ein entscheidendes Kriterium für die Qualität der hier skizzierten politischen Ordnung.

Der demokratische Eingriff in die politische Landkarte kann sich in Einzelfällen in der Auflösung eines bestehenden übergroßen Staates erschöpfen, dessen frühere äußere Staatsgrenzen unberührt bleiben. Das Votum der Bürger könnte z.B. aus einem großen Universalstaat von der Dimension der Sowjetunion, Chinas oder Indiens – oder aus einem so heterogenen kleinen Staat wie Jugoslawien – einige wenige Sicherheitsstaaten, mehrere Verwaltungsstaaten und Solidarstaaten, viele Identifikationsgemeinschaften, noch mehr Traditionsgemeinschaften und nur einen einzigen Währungsstaat entstehen lassen. Zumindest theoretisch kann unter solchen Umständen ein bestehender Staat die Regularien dieser Auflösung allein festlegen, ohne daß es hierfür einer weiteren zwischenstaatlichen Koordination bedürfte. Er kann dafür sorgen, daß die Bürger über ihre Zugehörigkeit zu den neuen Spartenstaaten friedlich und demokratisch entscheiden, und er kann zugleich die Regeln für künftige Grenzrevisionen und Mitgliederwechsel vorausbestimmen. Voraussetzung ist natürlich, daß der aufzulösende Staat über eine geeignete demokratische Übergangslegitimation verfügt.

Der realistischere Fall wäre aber, daß die territoriale Neuordnung selbständiger Spartenstaaten über die äußeren Grenzen eines bestehenden Universalstaates hinausreicht. Die meisten bestehenden Staaten sind zu klein und viele ihrer Grenzen sind zu willkürlich gezogen, als daß auf ihrem Gebiet die Zusammengehörigkeitsbedürfnisse in allen Sparten umgesetzt werden könnten. Wenn z. B. nur in Luxemburg oder Österreich unabhängige Staatssparten für Währung, Sicherheit, Tradition und Identifikation eingerichtet würden, wäre der demokratische Gestaltungsspielraum für die Zusammengehörigkeiten der Bürger noch nicht wesentlich verbessert. Ein zeitgemäßer Gestaltungsspielraum entstünde erst dann, wenn eine zusammenhängende Weltregion wie das westliche Europa oder das nördliche Amerika sich demokratischen Entscheidungen über die Ausdehnung von Spartenstaaten unterwürfe.

Um solche demokratischen Entscheidungen herbeizuführen und ihre Respektierung in der betreffenden Weltregion zu sichern, bedarf es eines komplexen Systems zwischenstaatlicher Übereinkünfte. Alle beteiligten Staaten müssen sich einer gemeinsamen Ordnung unterwerfen, die den demokratischen Umgang mit Staatsgrenzen und Staatszugehörigkeiten einheitlich regelt. Eine solche Ordnung sollte, da sie auf den demokratischen Wettbewerb der Staaten um die Bürger abzielt, als *zwischenstaatliche Wettbewerbsordnung* bezeichnet werden. Sie müßte sich aus verschiedenen Teil-Wettbewerbsordnungen für die einzelnen Staatssparten zusammensetzen.

Das politische Bewußtsein ist bisher in keiner Weltregion weit genug entwickelt, um ein spontanes Verlangen nach einer solchen Wettbewerbsordnung entstehen zu lassen. Zu tief ist noch die Gewohnheit eingegraben, den Wettbewerb um das Staatsgebiet als Wettbewerb um ein umfassendes politisches Machtmonopol zu verstehen. Selbst in den meisten demokratischen Staaten wird dieses Machtmonopol von seinen jeweiligen Inhabern noch benutzt, um Staat und Gesellschaft in allen Belangen einen prägenden Stempel aufzudrücken. Ob Deutsche oder Franzosen, Polen oder Russen, Katholiken oder Protestanten, Iren oder Briten, Türken oder Kurden, Muslime oder Christen, Serben oder Kroaten die Mehrheit im Staate stellen und damit die Exekutive beherrschen, wirkt sich in dem betreffenden Staatsgebiet auf das öffentliche und private Leben der gesamten Bevölkerung aus. Entsprechend unversöhnlich wird daher noch um Staatsgrenzen gestritten, die über den Mehrheits- und Minderheitenstatus bestimmter Bevölkerungsgruppen entscheiden. Gerade diese andauernde Unversöhnlichkeit zeigt aber, wie dringend eine neue Ordnung für den politischen Wettbewerb um Staatsgrenzen und Staatsbürger gebraucht wird.

Die Elemente einer solchen Wettbewerbsordnung können auf zweierlei Weise Verbreitung finden. Sie können von einem oder einigen wenigen Staaten, die sich in einzelne Sparten auflösen wollen, vorgegeben werden, um dann im Bewährungsfalle von weiteren Staaten übernommen zu werden. Sie könnten aber auch aus einer breitangelegten internationalen Koordinationsinstanz hervorgehen, der die Suche nach einem konsensfähigen Konzept für eine zusammenhängende Weltregion aufgegeben ist. Die Alternativen sind also einerseits eine Art evolutionären Wettbewerbs um die beste Wettbewerbsordnung, andererseits die Konsenssuche im großen Rahmen internationaler Konferenzdiplomatie.

Nach aller bisherigen Erfahrung dürften multinationale Koordinierungsinstanzen für alles andere geeignet sein als für eine führende Rolle bei der konzeptionellen Erneuerung der Demokratie. Dies liegt nicht nur an der Schwerfälligkeit der Meinungsbildungs- und Entscheidungsprozesse, die solchen Kollektivinstanzen allgemein zu eigen ist. Es liegt auch an den sehr unterschiedlichen Umstellungsproblemen, die sich für die einzelnen Staaten beim Übergang in eine neue Ordnung ergeben. Je mehr souveräne Staaten zur gleichzeitigen Einigung zusammengeführt werden müssen, desto langsamer verläuft die Konzeptfindung und desto unwahrscheinlicher wird eine gemeinsame tragfähige Lösung. Es ist kein Zufall, daß bisher alle großen gesellschaftlichen Verfahrensinnovationen wie parlamentarische Demokratie, liberaler Rechtsstaat, soziale Marktwirtschaft und sogar das Völkerrecht sich anfänglich auf evolutionärem Wege verbreitet haben und nicht durch internationale Koordinationsbemühungen.

Dies dürfte auch der Weg sein, auf dem sich eine institutionalisierte Wettbewerbsordnung selbständiger Spartenstaaten durchsetzen könnte. Der Einzelinitiative kommt hier auf natürliche

Weise der Vorrang vor dem kollektiven Vorgehen zu. Von ihr sind am ehesten die konkreten Schritte zu einer Auflösung des Universalstaates und der damit verbundenen Neuordnung der zwischenstaatlichen Beziehungen zu erwarten. Wenn hierfür ein erstes Beispiel gegeben ist, tut das Bedürfnis der Bürger, sich einem erfolgreichen Konzept anzuschließen, in anderen Staaten von allein seine evolutionäre Wirkung. Eine erfolgreiche zwischenstaatliche Wettbewerbsordnung für eigenständige Spartenstaaten könnte sich auf diese Weise so schnell oder so langsam verbreiten, wie es dem demokratischen Willen entspricht.

Dieser evolutionäre Umgang mit dem Problem der Staatszugehörigkeit wäre das antithetische Gegenstück zur koordinativen, auf Gleichzeitigkeit der Schritte bauenden europäischen Integrationspolitik. Diese Integrationspolitik war nicht darauf angelegt, die Staatszugehörigkeitsbedürfnisse der Bürger aktuell abzufragen und demokratisch umzusetzen, sondern von vornherein als irreversible Annäherung an ein fest vorgegebenes Ziel konzipiert. Genau dies hat aber letztlich zur gegenwärtigen Desillusionierung über den europäischen Integrationprozeß geführt. Europa hat es versäumt, sich rechtzeitig ein geeignetes Verfahren zu schaffen, um die Staatszugehörigkeiten im offenen demokratischen Wettbewerb zu bestimmen. Die abstrakte Integrationsidee und die darauf gegründeten europäischen Verträge wurden nicht der Tatsache gerecht, daß der Wille zur Integration – oder der ebenso respektable Wille zur Desintegration – in den einzelnen politischen Sparten sehr unterschiedlich ausgeprägt ist. Innerhalb einer Gemeinschaft wie der EG kann daher kein politisches Integrationsziel verfolgt werden, das auf die differenzierte Bedürfnislage der Bürger gründlich genug einginge. Es fehlt auch an den Voraussetzungen für eine flexible Anpassung der Integrationsziele an den Wandel des Bürgerwillens. Hierzu bedürfte es einer anspruchsvolleren demokratischen Infrastruktur.

Drei Bedingungen für einen friedlichen Wandel

Wenn der zwischenstaatliche Wettbewerb um Staatsgrenzen und Staatsbürger für jede Staatssparte getrennt ausgetragen werden soll, müssen sich die Beteiligten auf dreierlei Gemeinsamkeiten festlegen.

Erstens müssen für alle Staatssparten verbindliche Anforderungen an den Aufbau der politischen Institutionen gelten. Diese Institutionen dürfen zwar nicht vollständig genormt sein. Sie müssen aber so übersichtlich gestaltet sein, daß die Bürger die Leistungen der konkurrierenden Spartenstaaten miteinander vergleichen und rational über einen eventuellen Wechsel der Staatszugehörigkeit entscheiden können. Die Institutionen sollten außerdem so weit aufeinander abgestimmt sein, daß Übertritte von einem Staat zum anderen organisatorisch reibungslos vollzogen werden können. Der Übertritt einer Region zu einem anderen Verwaltungsstaat sollte beispielsweise administrativ leichter vollziehbar sein als der Beitritt der DDR zur Bundesrepublik.

Als zweites müssen in einer zwischenstaatlichen Wettbewerbsordnung verbindliche demokratische Verfahrensregeln für den Wechsel der Staatszugehörigkeit gelten. Diese Regeln müssen einerseits einfach anwendbar und justitiabel sein, damit Konflikte über die Regelanwendung vermieden und gegebenenfalls leicht zu schlichten sind. Sie müssen aber auch gewissen moralischen Normen genügen, um der Wettbewerbsordnung zu einer breiten Akzeptanz zu verhelfen. Insbesondere müssen sie der vorsätzlichen Benachteiligung einzelner Bevölkerungsteile durch die opportunistische Abgrenzung anderer entgegenwirken.

Drittens schließlich muß geregelt sein, wie die Staatengemeinschaft auf eventuelle Wettbewerbsverstöße reagiert. Es müssen vorab die Sanktionen bestimmt sein, mit denen gegen die Nicht-Respektierung demokratischer Beschlüsse über die Staatszugehörigkeit vorgegangen werden kann. Es muß auch geklärt sein, wer über solche Sanktionen im Einzelfall entscheidet. Insbesondere müssen die Instanzen bestimmt sein, die diese Sanktionen umzusetzen haben, die also gegebenenfalls Macht und Gewalt gegenüber anderen Staaten ausüben dürfen.

Angleichung der politischen Institutionen

Die institutionelle Vereinheitlichung muß für alle Staatssparten zuerst bei der politischen Aufgabenstellung ansetzen. Im gesamten Geltungsbereich einer zwischenstaatlichen Ordnung müssen die politischen Aufgabenfelder der verschiedenen Staatssparten einheitlich zueinander abgegrenzt sein. Wenn hierfür nicht gesorgt wäre, könnten sich bei der Korrektur spartenspezifischer Staatsgrenzen Lücken oder Überschneidungen in der politischen Zuständigkeit ergeben. Würde beispielsweise die Zuständigkeit für die Konjunkturpolitik in einem Land dem Währungsstaat und im Nachbarland dem Verwaltungsstaat übertragen, könnten bei Grenzverschiebungen Staatsgebiete mit doppelter oder mit gar keiner konjunkturpolitischen Zuständigkeit entstehen. Ähnliche Probleme würden auftreten, wenn beispielsweise für die berufliche Bildung mancherorts die Kultur- und Bildungsgemeinschaften, andernorts aber die Verwaltungsstaaten zuständig wären.

Besondere Gründe für die einheitliche Vorgabe der politischen Aufgabenstellung bestehen in der Identifikations- und in der Kultur- und Bildungssparte. Die politischen Leistungen dieser Sparten kommen einer breiten Öffentlichkeit zugute, die mit der steuerzahlenden Mitgliedschaft nicht identisch sein muß. Die Bürger könnten sich der Identifikation mit einer bestimmten Gemeinschaft und ihren Repräsentanten erfreuen, ohne ihre Steuern in die betreffende Identifikationskasse abzuführen. Ähnlich können viele Bürger zu Nutznießern öffentlich geförderter Kulturangebote werden, auch wenn sie hierzu nicht mit eigenen Steuerzahlungen beitragen. Auch im Bildungsbereich blieben die Leistungen einer Gemeinschaft nicht deren steuerzahlenden Mitgliedern vorbehalten. Wenn beispielsweise in München eine bayerische, eine deutsche, eine anthroposophische, eine internationale, eine katholische und eine türkisch-muslimische Kultur- und Bildungsgemeinschaft Schulen betrieben, könnte die Aufnahme von Kindern an diesen Schulen nicht ohne weiteres davon abhängig gemacht werden, wohin die Eltern ihre Kultur- und Bildungssteuer abführen. Auch könnten die Schüler nicht auf die künftige Mitgliedschaft in einer bestimmten Kultur- und Bildungsgemeinschaft festgelegt werden. Beides hätte beträchtliche organisatorische und moralische Komplikationen zur Folge.

Die individuelle Wahl der Mitgliedschaft in diesen Sparten bringt daher das Risiko mit sich, daß ein Teil der Bürger zu Trittbrettfahrern leistungsstarker Gemeinschaften wird. Es besteht ein gewisser Anreiz, die Angebote dieser Gemeinschaft wahrzunehmen, ohne hierfür eine angemessene steuerliche Belastung zu übernehmen. Es könnten zum Beispiel kulturelle und identifikatorische ‘Aussteigergemeinschaften’ entstehen, die sich der Wahrnehmung ihrer öffentlichen Aufgaben entziehen, indem sie mit den eingesammelten Steuermitteln anderweitige Leistungen für ihre Mitglieder finanzieren. Dieser Gefahr kann nur mit einer relativ präzisen und einheitlichen Vorgabe der politischen Aufgabenfelder vorgebeugt werden.

Solche Aussteigergemeinschaften könnten natürlich auch versuchen, Mitglieder mit niedrigen Steuersätzen anzulocken und das Leistungsangebot entsprechend zu minimieren. Wenn dies toleriert würde, könnte es zu einer Überforderung der seriöseren Gemeinschaften in diesen Sparten kommen und schließlich zu einer Brache des gesamten Kultur-, Identifikations- und Bildungswesens. Um diese Gefahr auszuschließen, müßte in den Traditions- und Identifikationssparten ein einheitlicher Mindeststeuersatz festgelegt werden. Wenn keine Gemeinschaft mehr mit einem niedrigeren als diesem Mindeststeuersatz für sich werben kann, konzentriert sich der politische Wettbewerb auf die Frage der tatsächlich erbrachten Leistungen. In diesem Wettbewerb könnten dann nur Gemeinschaften entstehen, die ein gewisses Mindest-Leistungsniveau in ihrem Aufgabengebiet vorzuweisen haben.

Eine Schlüsselrolle bei der Vereinheitlichung der Spartenaufgaben kommt der Amtshilfe des Verwaltungsstaates zu. Die Staaten der übrigen Sparten können sich nur dann problemlos über die Grenzen von Verwaltungsstaaten hinweg ausdehnen, wenn ihnen deren Amtshilfe überall in gleicher Weise sicher ist. Wenn beispielsweise ein Solidarstaat sich in einem Staatsgebiet darauf verlassen kann, daß der Verwaltungsstaat die Solidarsteuern für ihn eintreibt, Solidarsteuersünder verfolgt und das Bürgergeld oder andere Solidarleistungen verteilt, dann muß genau dies auch auf dem Territorium anderer Verwaltungsstaaten möglich sein. Sonst wäre die Umsetzung demokratischer Bedürfnisse nach Expansion oder Spaltung des Solidarstaatsgebietes unnötig erschwert.

Zu einer zwischenstaatlichen Wettbewerbsordnung gehört daher die gleichlautende Verpflichtung der beteiligten Verwaltungsstaaten, allen übrigen Staatssparten mit polizeilicher Staatsgewalt und administrativem Eingriff zur Seite zu stehen. Andernfalls müßten auf demselben Territorium von verschiedenen Staatssparten eigene Staatsgewalten unterhalten werden. Der Währungsstaat müßte beispielsweise einen eigenen Polizei- und Justizapparat zur Verfolgung und Bestrafung von Geldfälschern betreiben, und der Solidarstaat müßte eigene Steuerämter, eine eigene Steuerpolizei und ein eigenes Steuergericht unterhalten. Dies wäre ineffizient und könnte zu unerfreulichen Kompetenzkonflikten der Staatsgewalten führen. Unter diesen Konflikten wäre der Streit um die Zuständigkeit für einen Mehrfachstraftäter, der gegen die Gesetze mehrerer Staatssparten verstoßen hat, einer der harmloseren.

Zur Vereinheitlichung der Aufgaben des Verwaltungsstaates gehört auch eine einheitliche und eindeutige Abgrenzung von der solidarischen Umverteilungspolitik. Den Verwaltungsstaaten müßte jede Art der Umverteilung sowohl innerstaatlicher als auch zwischenstaatlicher Art verwehrt bleiben. Sie dürften keine Subventionen an heimische Industrien und ärmere Regionen geben, und sie dürften keine eigenen, über das Bürgergeld hinausgehenden Sozialleistungen verteilen. Sie dürften ihre Wirtschaft – und ihre Bürger in der Eigenschaft als Arbeitskräfte – auch nicht durch protektionistische Handelshemmnisse vor dem Anpassungsdruck des grenzüberschreitenden Wettbewerbs schützen. Ein uneingeschränktes Freihandelsgebot wäre eins der wichtigsten Elemente der zwischenstaatlichen Ordnung, für dessen Einhaltung die Verwaltungsstaaten zuständig wären.

Zur Vereinheitlichung der Aufgaben gehört schließlich noch ein ebenso uneingeschränktes Verschuldungsverbot. Dieses Verbot müßte für die Verwaltungsstaaten ebenso gelten wie für alle anderen Sparten. Weder der sogenannte laufende Staatskonsum noch auch staatliche Investitionen dürften durch Zugriff auf die Kapitalmärkte finanziert werden. Daß nur ein solches absolutes Verschuldungsverbot geeignet wäre, ein solides Haushaltsgebaren der öffentlichen Hände zu garantieren, beweist die gesamte ältere und jüngere Geschichte der öffentlichen Finanzwirtschaft.

Fast ebenso wichtig wie die Vereinheitlichung der Aufgabenfelder für die einzelnen Sparten wäre eine gewisse Vereinheitlichung des politischen Instrumentariums. Dieses Ziel wäre mit einem einheitlichen Besteuerungssystem, wie es oben in Abb. 2 dargestellt wurde, bereits im wichtigsten Bereich erreicht. Wenn Sicherheitsstaat, Traditionsstaat, Solidarstaat und Identifikationsstaat ausschließlich über separate Steuern auf die persönlichen

Einkommen finanziert werden, ist damit die Entscheidungsgrundlage für die Wahl der Staatsbürgerschaft verbessert und auch der eventuelle Wechsel der Staatsbürgerschaft stark vereinfacht. Steuerlich wäre dieser Wechsel nichts anderes als die Übertragung der Einzugsermächtigung für die jeweilige Spartensteuer auf einen anderen Spartenstaat.

Auch in den Verwaltungsstaaten wäre die notwendige steuerliche Vereinheitlichung verwirklicht, wenn diese sich ausschließlich über Mehrwert-, Verbrauchs- und Umweltsteuern finanzierten. Bei dieser Art der Finanzierung könnten Verwaltungsgrenzen neu gezogen werden, ohne daß in den davon betroffenen Gebieten Staat, Unternehmen und Bürger steuertechnisch unzumutbar belastet würden. Es wäre keine Umstellung des Steuersystems notwendig, sondern allenfalls eine Anpassung der Steuersätze. Die Höhe dieser Steuern wäre im übrigen ein aussagekräftiges Indiz dafür, wie effizient ein Verwaltungsstaat arbeitet. Auch in diesem Bereich wäre damit die Grundlage für die Entscheidung der Bürger über Verbleib oder Wechsel wesentlich verbessert.

So vorteilhaft die Vereinheitlichung des politischen Instrumentariums im Bereich der Finanzierung der Staatssparten ist, so fragwürdig könnte sie im Bereich der eigentlichen politischen Aufgabenerfüllung sein. Bei den Bürgern besteht kein natürliches Interesse daran, daß die Staaten ihre Aufgaben überall mit den gleichen Mitteln und Methoden wahrnehmen. Vielmehr müssen sie daran interessiert sein, daß der zwischenstaatliche Wettbewerb um die bessere Politik auch als Wettbewerb um die Weiterentwicklung des politischen Instrumentariums ausgetragen wird. Eine verordnete Angleichung dieses Instrumentariums wäre insofern ein bedenklicher Verzicht auf die Früchte des politischen Wettbewerbs und den damit verbundenen Fortschritt in den politischen Leistungen. Je schneller die politischen Problemstellungen sich wandeln, desto unverzichtbarer ist der zwischenstaatliche Wettbewerb in dieser Funktion, die Entdeckung und Verbreitung neuer politischer Instrumentarien zu fördern. Die Einheitlichkeit dieser Instrumentarien darf daher nicht durch zwischenstaatliche Vereinbarungen vorgegeben werden, sondern sie sollte sich allenfalls in wettbewerblicher Konvergenz zur besten Problemlösung ergeben. Dies gilt für Bereiche wie die Geld- und Konjunkturpolitik ebenso wie für die Umweltpolitik oder die Verteilungspolitik.

Im Bereich der Kulturpolitik wäre die Konformität des politischen Instrumentariums ein besonders widersinniges Ziel. Die Heterogenität der Kulturen ist immer auch eine Heterogenität des öffentlichen Umgangs mit Kultur, und dies muß sich unter anderem in der Verschiedenheit kulturpolitischer Instrumentarien niederschlagen. Während manche Traditionsgemeinschaften sich z.B. vorrangig der hohen, repräsentativen Staatskultur verpflichtet fühlen, mögen andere ihre Instrumente vorrangig für eine größere Breitenwirkung der Traditionspflege einsetzen. Auch in der Bildungspolitik liegt ein starkes Bedürfnis nach Heterogenität vor, das sich unter der bisherigen monopolistischen Staatszuständigkeit nur unvollständig entfalten konnte. Es ist nicht Aufgabe einer zwischenstaatlichen Ordnung, die Umsetzung dieses Bedürfnisses durch Vereinheitlichung bildungspolitischer Instrumente zu präjudizieren.

In einigen Bereichen dürfte das Bedürfnis nach Vielfalt der politischen Instrumente unter den herrschenden Verhältnissen aber auch überzeichnet sein. Teilweise ist die Unterschiedlichkeit der Instrumentarien noch den Zufälligkeiten der staatlichen Entwicklungsgeschichte zu verdanken und insofern kein aktuelles Abbild der Unterschiedlichkeit der Bedürfnisse. Sie ist insofern nur deswegen nicht überwunden, weil die geringe Reformfähigkeit des herkömmlichen Universalstaates der vereinheitlichenden Konvergenz zu besseren politischen Instrumentarien im Wege steht.

Anhaltspunkte für diese Diagnose finden sich insbesondere im Bereich der Sozial- und Verteilungspolitik. Hier hat sich das Instrumentarium fast aller Staaten aus der Abfolge politischer Einzelreaktionen auf nacheinander aufkommende soziale Probleme entwickelt. Instrumente wie Sozialhilfe, gesetzliche Sozialversicherungen, Arbeitslosenunterstützung, Kindergeld, sozialer Wohnungsbau, Wohngeld, Vorruhestandsgeld, Regionalförderung, Arbeitsbeschaffung und ähnliches wurden als Antworten auf akute sozialpolitische Herausforderungen aneinandergereiht, die sich in verschiedenen Ländern zu unterschiedlichen Zeitpunkten und mit unterschiedlicher Intensität einstellten. Eine grundlegende Reform dieses akkumulierten Instrumentariums, d.h. eine systematische Anpassung an die künftigen Erfordernisse einer politischen Solidargemeinschaft, ist bisher nirgendwo gelungen. Wenn über eine solche grundlegende Reform quasi am reinen Tisch, d. h. ohne den Ballast der sozialstaatlichen Vorgeschichte entschieden werden könnte, wäre eine spontane Vereinheitlichung des solidarstaatlichen Instrumentariums wahrscheinlich. Diese Vereinheitlichung könnte darin bestehen, daß die meisten Solidargemeinschaften sich für ein Bürgergeldsystem der oben beschriebenen Art entscheiden.

Ein einheitliches Bürgergeldinstrument ließe den Solidarstaaten immer noch den Spielraum für eine uneinheitliche Festsetzung der Solidarsteuersätze und damit der Bürgergeldquoten. Hiermit könnten sie den Besonderheiten des Solidaritätsempfindens und der verteilungspolitischen Überzeugungen in der jeweiligen Gemeinschaft flexibel gerecht werden. Insofern würden mit einer zwischenstaatlichen Einigung auf das Bürgergeld die politischen Gestaltungsmöglichkeiten nicht wesentlich eingeengt. Auch der politische Wettbewerb wäre keineswegs beeinträchtigt, sondern er würde durch die bessere Vergleichbarkeit der staatlich praktizierten Solidarität intensiviert. Auf die Frage, wie hoch Solidarsteuer und Bürgergeld zu bemessen seien, würden die einzelnen Solidarstaaten im regen Wettstreit miteinander nach der optimalen Antwort suchen.

Regeln für den Staatenwechsel

Das moralische Hauptproblem der Demokratie ist von jeher der Umgang mit benachteiligten Minderheiten gewesen. Die demokratischen Verfahren bieten von sich aus keine Gewähr dafür, daß Minderheiteninteressen angemessen Rechnung getragen und daß allen gesellschaftlichen Gruppen ein Mindestmaß an Solidarität zuteil wird. Dieses Problem stellt sich auch bei der demokratischen Entscheidung über die Zusammengehörigkeit im Spartenstaat. Auch hier sind demokratische Entscheidungen denkbar, durch die Minderheiten unvertretbar benachteiligt werden. Dem demokratischen Verfahren müssen daher möglicherweise gewisse moralisch begründete Beschränkungen auferlegt werden.

In den Traditions- und Identifikationsgemeinschaften, in denen die Mitgliedschaft individuell gewählt werden kann, ist das Minderheitenproblem damit bereits im Grundsatz gelöst. Jedermann kann einzeln aus der Gemeinschaft austreten, und niemand kann daher innerhalb einer solchen Gemeinschaft gegen seinen Willen in eine Minderheitenposition geraten. Niemand brauchte außerdem damit zu rechnen, daß eine Gemeinschaft, der er als steuerzahlendes Mitglied beitreten will, ihm die Aufnahme verwehrt. Zwar können kulturelle Minderheiten in einzelnen Regionen zu schwach repräsentiert sein, um dort ein eigenes System von Bildungs- und Kulturinstitutionen aufrechtzuerhalten. Dies ist aber kein Minderheitenproblem, das politisch zu verantworten und im Rahmen einer zwischenstaatlichen Ordnung zu lösen wäre. Wenn die betreffenden Minderheiten nicht gezwungen sind, eine ihnen fremde Kultur- und Bildungspolitik mitzufinanzieren, ist der politischen Moral genüge getan.

In den anderen Staatssparten, in denen über die Zugehörigkeit kollektiv entschieden werden muß, spielt das Problem der Benachteiligung von Minderheiten eine weit wichtigere Rolle. Dort können einzelne Gruppen oder Bürger sich von den demokratischen Entscheidungen über die Ausdehnung von Staatsgebieten unliebsam berührt fühlen. Sie können sich von einem bestimmten Staat unfreiwillig ausgeschlossen fühlen, oder sie können sich ebenso unfreiwillig mit bestimmten Bevölkerungsgruppen in einem Staatswesen zusammengeführt fühlen.

Dieses Problem ist in den verschiedenen politischen Sparten natürlich unterschiedlich brisant. In den Bereichen Sicherheit, Währung und Verwaltung wären kleine, von den Nachbarn ausgegrenzte Staatsgebiete zwar möglicherweise nicht besonders effizient und die Bevölkerung damit in ihrem Wohlstand etwas eingeschränkt. Dieser Nachteil läge nach allen historischen Erfahrungen mit unterschiedlich großen Staatsgebieten aber in einer zumutbaren Größenordnung. Umgekehrt hätten Sicherheits-, Währungs- und Verwaltungsstaaten normalerweise kaum Vorteil davon, kleine bleibewillige Staatsgebiete auszuschließen oder kleinen beitrittswilligen Staatsgebieten die Aufnahme zu verweigern. Wenn beispielsweise einer der neu entstehenden Kleinstaaten Osteuropas eines Tages die eigene Währung, die eigenen Streitkräfte oder sogar die eigene Administration als Last empfindet und sich an benachbarte Währungs-, Sicherheits- oder Verwaltungsgemeinschaften anschließen wollte, dürfte dies in den meisten Fällen Aussicht auf Erfolg haben.

Ganz anders, d.h. viel aussichtsloser, kann die Situation einer kleinen, ausgegrenzten Gemeinschaft in der Solidarsparte sein. Ein einmal auseinandergefallenes Staatsgebiet wie das jugoslawische wird sich als Solidarstaat niemals wieder demokratisch zusammenfügen lassen, wenn zwischen den einzelnen Regionen ein ausgeprägtes Wohlstandsgefälle bestehen bleibt. Eine Armutsinsel wie Albanien mag irgendwann Aussicht haben, von einer größeren Währungs- oder Sicherheitsgemeinschaft aufgenommen zu werden, nicht aber von einer auf Wohlstandsausgleich festgelegten Solidargemeinschaft. Je ärmer ein Staatsgebiet im Vergleich zu seinen Nachbarn ist, desto schwerer kann es eine unfreiwillige solidarpolitische Eigenstaatlichkeit überwinden.

Dies ist natürlich nicht nur dann der Fall, wenn über Staatsgrenzen im demokratischen Wettbewerb entschieden wird. Es wird aber als moralisches Problem dadurch akuter, daß die Staatsgrenzen nicht mehr als verbindliches historisches Erbe betrachtet werden und in der laufenden politischen Diskussion gerechtfertigt werden müssen.

Die moralischen Komplikationen, die hierbei auftreten können, lassen sich am besten an einem konkreten Beispiel veranschaulichen. Als solches Beispiel sei hier ein Solidarstaatsgebiet genommen, in dem in der Ausgangssituation ein relativ geringes interregionales Wohlstandsgefälle herrscht. Dies könnte die britische Insel sein oder das Staatsgebiet Kanadas. Ein nützliches, fiktives Beispiel wäre auch ein arabisches Territorium, das das Staatsgebiet des Irak und Kuweits vor der Entdeckung des Ölreichtums umfaßt. Vor dem Hintergrund eines interregional gleichmäßig verteilten Wohlstandes könnten auf diesen Territorien relativ stabile Solidargemeinschaften existieren.

Es sei nun angenommen, in einer bestimmten Region eines solchen Solidarstaates würden bedeutende Ölvorkommen entdeckt. In den genannten Fällen könnten diese Regionen der Westen Kanadas, Schottland oder Kuweit sein. Die Erschließung der Ölquellen führt dazu, daß die Einkommen in den betreffenden Regionen beträchtlich ansteigen. Die überregionale staatliche Solidargemeinschaft schöpft einen Teil des Einkommenszuwachses ab und verwendet ihn dazu, das entstandene Einkommensgefälle zu verringern. Von der reich gewordenen Ölregion fließt also ein beträchtliches Volumen an interregionaler Umverteilung in das übrige Staatsgebiet. (Siehe hierzu auch Anm. 14, S. 160.)

Für die interregionale Solidarität kann dies zu einer beträchtlichen Belastung werden. Die Bewohner der reich gewordenen Regionen werden sich ausrechnen, wieviel Wohlstand sie diese Solidarität kostet und welchen Vorteil sie dementsprechend von einer Aufkündigung der Solidarität zu erwarten hätten. Kuweitis bzw. Westkanadier hätten ein starkes Motiv, sich als Solidargemeinschaften von dem übrigen Territorium loszulösen und zu verselbständigen. Eine demokratische Entscheidung zugunsten eines eigenen Solidarstaates wäre wahrscheinlich.

Für eine Staatengemeinschaft, die den demokratischen Wettbewerb um die Staatsgrenze akzeptiert, wäre dies eine ernste moralische Herausforderung. Sie müßte sich fragen, ob sie die einseitige Aufkündigung der interregionalen Solidarität durch die reiche Region vorbehaltlos hinnehmen will. Auf den ersten Blick scheint die moralische Wertung dieses Falles relativ eindeutig auszufallen. Die reiche Region macht sich hier einer opportunistischen, ausschließlich eigennützig motivierten Entsolidarisierung schuldig, zumal der hinzugewonnene Wohlstand so zufällig und quasi unverdient eingetreten ist.

Die Aussicht, daß eine Vielzahl neuer superreicher Solidarstaaten nach dem Vorbild Kuweits entsteht, daß also wirtschaftlich hoch entwickelte städtische Regionen und andere Wohlstandsenklaven sich allenthalben unabhängig machen, spricht in der Tat nicht für die moralische Qualität einer zwischenstaatlichen Ordnung. Hier scheint eine Regel notwendig zu sein, die der opportunistischen Zersplitterung der Solidarstaaten entgegenwirkt und ein Mindestmaß an interregionaler Solidarität auch gegen das demokratische Selbstbestimmungsprinzip durchsetzt.

Die moralische Qualität dieser Fälle ist aber doch weit weniger eindeutig, als es nach intuitivem Urteil zunächst erscheint. Dies wird anhand der obigen Beispiele deutlich, sobald man ihnen eine andere Ausgangssituation unterlegt. Hat der historische Zufall in einer reichen Region einen eigenständigen Solidarstaat entstehen lassen, bevor dort der Ölreichtum über die Bürger hereinbrach, dann fällt das intuitive moralische Urteil über die interregionale Solidarität ganz anders aus. Dann läßt der plötzliche Ölreichtum keine moralisch plausiblen Ansprüche der Nachbarn auf den Zusammenschluß zu einer gemeinsamen Solidargemeinschaft entstehen. Für diesen Fall ist keine moralische Maxime und politische

Regel formulierbar, mit der solch ein Anspruch begründet werden könnte. Es gäbe für die Ansprüche der ärmeren Nachbarn daher auch keine politische Unterstützung der übrigen Staatengemeinschaften.

Hieraus ist zu schließen, daß es für interregionale Solidarität keinen verbindlichen Maßstab geben kann. Aus dem Wohlstandsgefälle als solchem läßt sich kein moralisch begründetes Gebot an die solidarische Politik herleiten. Die Staatengemeinschaft kann daher interregionale Solidarität nicht durch Normen aktiv gestalten. Das einzige aus moralischer Intuition herleitbare Gebot scheint zu sein, daß innerstaatlich praktizierte interregionale Solidarität nicht bedingungslos aufgekündigt werden darf. Hieraus ließe sich immerhin ein Recht der Staatengemeinschaft herleiten, bestehende Solidargemeinschaften im Widerstand gegen das separatistische Selbstbestimmungsrecht wohlhabender Regionen zu stützen.

Aber selbst dieses bescheidene moralische Ziel kann sich in der politischen Praxis als sehr fragwürdig erweisen. Wer sich auf den Status quo der politischen Landkarte beruft, beruft sich damit immer auch auf die vielen Zufälligkeiten und Ungerechtigkeiten, die diesen Status quo geformt haben. Der Zerfall Jugoslawiens und die Grenzkonflikte in Moldawien und anderen Regionen der ehemaligen Sowjetunion haben hierfür überreichliches Anschauungsmaterial geliefert. Insbesondere in Jugoslawien hat sich gezeigt, daß der Anspruch auf Erhalt einer staatlichen Solidargemeinschaft letztlich nur mit illegitimer Gewalt gegen die Entschlossenheit zur separatistischen Abspaltung durchsetzbar ist.

Für den Separatismus jugoslawischer Teilrepubliken gab es sicher vielfältige Motive. Es ging hierbei um die Auflösung eines allzuständigen Universalstaates, dessen Ausdehnung in den meisten Politiksparten dem Zusammengehörigkeitswillen der Bürger zuwiderlief. Die Zugehörigkeit zu verschiedenen sprachlich-kulturellen und religiösen Traditionsgruppen und die Verschiedenheit der identifikatorischen Bedürfnisse standen hier zunächst im Vordergrund. Das Motiv, aus dem jugoslawischen Staat in seiner Eigenschaft als Solidargemeinschaft auszuscheren, spielte aber eine ebenso wichtige, zum Teil sogar dominierende Rolle. Die wohlhabenderen Regionen hatten ein starkes Interesse, dem nivellierenden innerjugoslawischen Wohlstandstransfer ein Ende zu bereiten.

Dieses Motiv war natürlich bei der reichsten Teilrepublik, nämlich in Slowenien, am stärksten. Dort machten die separatistischen Bestrebungen sich am frühesten und intensivsten bemerkbar, und dort wurde die separatistische Abspaltung auch zuerst durchgesetzt. Durch die Unabhängigkeit Sloweniens wäre dann Kroatien zur wohlhabendsten Teilrepublik im verbleibenden Rest-Jugoslawien geworden, und es hätte daher die Hauptlast des innerjugoslawischen Wohlstandsausgleichs tragen müssen. Dieser Perspektive widersetzten die Kroaten sich ihrerseits mit aller Entschlossenheit. Auch sie waren darauf aus, den eigenen Wohlstand künftig im eigenen Lande zu behalten.

Um so erbitterter fiel der Widerstand des weit ärmeren Serbiens gegen die Auflösung der jugoslawischen Solidargemeinschaft aus. Durch das Ausscheren Sloweniens und Kroatiens entstand ein wirtschaftlich geschwächter, überwiegend serbischer Rest-Staat, der seiner Bevölkerung weit weniger Wohltaten zukommen lassen konnte als gewohnt. Insofern war es korrekt, wenn die Serben die Unabhängigkeitsbestrebungen Sloweniens und Kroatiens als eigenmächtige Entsolidarisierungen deuteten. Sie glaubten zunächst, hiergegen mit guten moralischen Gründen zu Felde ziehen zu dürfen.

Auch die internationale Staatengemeinschaft hatte anfänglich gewisse Vorbehalte gegen den Zerfall Jugoslawiens. Die Aufkündigung der innerstaatlichen Solidarität durch Slowenien und Kroatien wurde zumindest mit vorsichtiger Skepsis aufgenommen. Die Bestätigung des Rechts auf separatistische Selbstbestimmung erschien als unmoralisches Einverständnis in die Staatsaufspaltung nach Wohlstandszonen, d.h. in die unsolidarische Ausgrenzung der armen Regionen. Dieser moralische Vorbehalt fiel auf willkommene Weise mit der gewohnten Denkkategorie von der Unantastbarkeit der Staatsgrenzen zusammen. Man befürchtete einen destabilisierenden Präzedenzfall, nach dessen Vorbild bestehende Staaten bzw. Solidargemeinschaften sich auch andernorts würden auflösen können. Das slowenische, kroatische und bosnische Recht auf Selbstbestimmung über die staatliche Zusammengehörigkeit hatte daher in der Frühphase des Jugoslawien-Konflikts kaum einen externen Anwalt.

Sehr bald zeigte sich aber, daß diese Position politisch nicht durchzuhalten war. Ihr lag eine zu abstrakte politische Moral zugrunde, die sich mit den Bedürfnissen der betroffenen Bürger und den darauf beruhenden neuen, demokratischeren Machtverhältnissen nicht in Einklang bringen ließ. Die Staatengemeinschaft mußte am Beispiel Jugoslawiens letztlich einsehen, daß die geographische Reichweite staatlicher Solidarität sich unter demokratischen Verhältnissen nicht von außen verordnen läßt. Der Versuch, der demokratischen Selbstbestimmung über die Staatszugehörigkeit moralische Fesseln anzulegen, hatte sogar zur Verschärfung der Gewaltbereitschaft beigetragen. Der Jugoslawien-Konflikt kann daher als Widerlegung der idealistische Vorstellung gelten, die demokratische Auflösung bestehender Solidargemeinschaften könne mit einer internationalen Charta verhindert werden. Er hat gezeigt, wie groß die moralische Bescheidenheit in dieser Frage sein muß.

So schwierig und zweischneidig die Festlegung von Normen in dieser Frage ist, so unausweichlich ist anderseits die Einigung auf gewisse praktisch-organisatorische Regeln. Die Staatengemeinschaft muß gemeinsam ein demokratisches und administratives Prozedere beschließen, nach dem Solidarstaaten aufzulösen, zu integrieren und gegenseitig anzuerkennen und nach denen eventuelle Grenzkorrekturen vorzunehmen sind. Auf dem Umweg über dieses Prozedere lassen sich dann doch auch gewisse moralische Vorstellungen über interregionale Solidarität in eine zwischenstaatliche Ordnung einbringen. Zumindest indirekt können damit der interregionalen Entsolidarisierung Erschwernisse entgegengesetzt werden.

Erschwert werden könnte die Entsolidarisierung durch eine Verfahrensregel, die den Solidarstaat in gewisser Weise an das Staatsgebiet des Verwaltungsstaates bindet. Die Staatengemeinschaft könnte sich z.B. darauf einigen, daß dem Verwaltungsstaat ein Vetorecht gegen interregionale Entsolidarisierungen auf seinem Staatsgebiet eingeräumt wird. Dies wäre zwar kein absoluter Schutz vor der Abspaltung reicher Regionen, denn diese könnten sich notfalls auch vom gemeinsamen Verwaltungsstaat lossagen und damit dessen Vetorecht unterlaufen. Sie könnten aber die Effizienzvorteile des gemeinsamen Verwaltungsstaates nicht nutzen, ohne zugleich gemeinsame Solidarität zu praktizieren. Der Aufbau eines eigenen, wegen seiner geringen Größe möglicherweise ineffizienten Verwaltungsstaates wäre der Preis, der für den opportunistischen Separatismus gezahlt werden müßte. Damit wäre ein bescheidener, aber pragmatischer Beitrag zur Bewahrung bestehender Solidargemeinschaften geleistet.

Ein solches Vetorecht des Verwaltungsstaates hätte sich unter anderem in der Anwendung auf den jugoslawischen Fall als sinnvoll erwiesen. Wo es keinerlei interregionales Solidaritätsempfinden gibt und das gegenseitige Vertrauen nicht einmal für einen gemeinsamen Verwaltungsstaat ausreicht, hätte dieses Vetorecht der Abspaltung nicht im Wege gestanden. Wo die Entfremdung unter den Regionen so ausgeprägt ist wie zwischen Slowenien, Kroatien und Serbien, hätte es also nicht die unfreiwillige Aufrechterhaltung innerstaatlicher Solidarität erzwungen. In anderen, bewährten Verwaltungsstaaten, deren Bürger ein gewisses Zusammengehörigkeitsgefühl haben, stärkt dieses Vetorecht aber den Anreiz, die Solidargemeinschaft auch über ein interregionales Wohlstandsgefälle hinweg zu erhalten. Die interregionale Entsolidarisierung von der Zustimmung des Verwaltungsstaates abhängig zu machen, wäre insofern eine vor den Bürgern vertretbare Einschränkung demokratischer Selbstbestimmungsrechte. Diese bescheidene Regel könnte Hauptbestandteil einer Charta zum Umgang mit der interregionalen Solidarität sein.

Wo solche pragmatische Regel den Zerfall staatlicher Solidargemeinschaften nicht verhindern kann, ist der moralische Spielraum der Politik erschöpft. Die zwischenstaatliche Ordnung kann darüber hinaus keine unfreiwillige Solidarität erzwingen. Sie kann in solchen Fällen allenfalls noch auf einen geordneten Prozeß der Auflösung von Solidargemeinschaften hinwirken. Sie kann z.B. die Nutznießer der Auflösung, d.h. die wohlhabenderen Regionen, zu gewissen Übergangshilfen an die ärmeren Regionen verpflichten. Unter den übersichtlichen Verhältnissen eines Bürgergeldsystems ließen sich solche Übergangsmodalitäten relativ einfach formulieren. In einem Falle wie Jugoslawien wäre es ein einfaches Rechenexempel gewesen, die beim Zerfall des Staates entstehenden Bürgergeldeinbußen für die Serben und den entsprechenden Gewinn für Slowenen und Kroaten auszurechnen. Eine Regel, die den Slowenen und Kroaten für mehrere Übergangsjahre eine Ausgleichszahlung an die Bürger des Rest-Staates auferlegt und diese damit vor einem allzu abrupten Wohlstandsverlust bewahrt hätte, wäre eine plausible Grundlage für friedensbewahrende Verhandlungen gewesen. Diese Regel wäre auch leicht in den Schiedsspruch eines zwischenstaatlichen Schlichtungsgremiums umsetzbar gewesen. Ein solcher, mit Augenmaß gefällter Schiedsspruch hätte auf jeden Fall eine stärkere konsensstiftende Wirkung gehabt als alle herkömmlichen Vermittlungsbemühungen, die in diesem Konflikt unternommen wurden. Alle Konfliktparteien hätten eine nüchterne Abwägung zwischen der Annahme eines solchen Schiedsspruchs und der Einlassung auf einen Bürgerkrieg treffen müssen.

In den meisten Fällen kann der Absicht zur interregionalen Entsolidarisierung letztlich nur solcher Übergangswiderstand entgegengesetzt werden. Auf die Grundsatzfrage, ob interregionale Solidarität vom Staat paternalistisch verordnet oder ob sie in demokratischer Selbstbestimmung freiwillig geübt werden soll, gibt die historische Entwicklung eine klare Antwort. Der Zwangscharakter aller verordneten Solidarität ist nicht nur in den sozialistischen Staaten offenbar geworden, sondern er wird den Bürgern auch in den herkömmlichen Demokratien immer mehr bewußt. Der Widerstand hiergegen äußert sich entweder in offener separatistischer Neigung oder in der enttäuschten Abwendung von der Politik. In vielen Staaten ist schon jetzt erkennbar, daß sich in ihren Grenzen auf freiwilliger Basis kein zusammenhängender Solidarstaat behaupten könnte.

Das demokratische und administrative Prozedere in der Wahl der Staatszugehörigkeit bedarf natürlich vieler weiterer Detailregelungen. Hierzu gehört eine möglichst direkte Wahrnehmung des Selbstbestimmungsrechts durch den Bürger. Die direkte, alle politischen Umwege ersparende Selbstbestimmung ist in dieser Frage noch wichtiger als bei den meisten anderen staatsbürgerlichen Rechten. Der Grund hierfür ist, daß die Politiker zumeist ein eigennütziges Interesse am Fortbestehen ihres Staates und seiner Grenzen haben. Entsprechend gering ist ihr Interesse, gegenteilige Interessen der Bürger unmittelbar in die Praxis umzusetzen. In der Solidarsparte und den anderen Sparten mit geographischen Staatsgrenzen, also der Verwaltungs-, Sicherheits- und Währungssparte, muß den Bürgern daher das Recht eingeräumt werden, der Staatsführung in Volksbegehren – oder in ähnlichen Verfahren auf regionaler und lokaler Ebene – bindende politische Aufträge zur Regelung von Staatsgrenzenfragen zu erteilen. Diese Weisungsbefugnis der Bürger gegenüber dem Staat darf nur insoweit eingeschränkt werden, als die Abwicklung demokratischer Grenzrevisionen die praktische Politik überfordern würde.

Überforderungen könnten sich vor allem aus allzu häufigen Grenzkorrekturen und aus der Zersplitterung des Staatsgebietes durch exzessive Enklavenbildungen ergeben. Solche Auswüchse müssen durch geeignete Regeln und administrative Barrieren eingeschränkt werden. Wenn beispielsweise Regionen wie Flandern, Norditalien oder Schottland als Verwaltungsstaaten unabhängig würden, sollte sich daraufhin nicht eine Unzahl von Dörfern als Enklaven aus diesen neuen Verwaltungsstaaten wieder herauslösen dürfen. Für den Währungs- und den Sicherheitsstaat wären solche Enklavenwucherungen noch problematischer.

Administrativ überfordert wären die Währungs-, Verwaltungs- und Sicherheitsstaaten natürlich auch, wenn sie sich mit jedem Ansinnen einzelner Grenzanrainer auf Übertritt zum Nachbarstaat auseinandersetzen müßten. Ein Staat kann nicht verpflichtet werden, ein einzelnes Grundstück aus seinem Territorium zu entlassen, auch wenn der Grundstücksbesitzer mit dem angrenzenden Nachbarstaat hierüber handelseinig geworden ist. Unter welchen Umständen ein verbindlicher, von der Staatengemeinschaft geschützter Anspruch auf Übertritt vom einen ins andere Territorium vorliegt, bedarf daher einer sehr sorgfältigen Definition. Zu definieren wäre hier unter anderem die Mindestanzahl der Bürger, die ein entsprechendes Begehren vorzubringen haben. Das von der Staatengemeinschaft geschützte Übertrittsrecht könnte außerdem auf bestehende Verwaltungseinheiten wie Gemeinden, Landkreise, Departements, Kantone oder Regierungsbezirke beschränkt werden. Damit die Übertrittsentscheidungen nicht aufgrund zufälliger tagespolitischer Stimmungslagen zustande kommen und entsprechend häufig revidiert werden, könnten darüber hinaus qualifizierte Mehrheiten zur Bedingung gemacht werden. Für neu zu bildende Enklaven müßten in dieser Hinsicht besonders hohe Mindestanforderungen gelten.

Auf ähnliche Weise kann auch der Bildung allzu kleiner staatlicher Gemeinschaften vorgebeugt werden. Die Gefahr, daß sich für die Gründung von Kleinstaaten eine demokratische Basis findet, ist zwar in Sparten mit territorialen Staatsgrenzen relativ gering. In diesen Sparten würde schon das Eigeninteresse der Bürger dafür sorgen, daß die Gemeinschaften nach geographischer Ausdehnung und Mitgliederzahl nicht zu klein werden. Bei den Traditions- und Identifikationsgemeinschaften kann dieses Eigeninteresse aber nicht ohne weiteres vorausgesetzt werden. Im Extremfall könnte ein einzelner Bürger sich selbst zur unabhängigen Identifikations- oder Traditionsgemeinschaft erklären, und er könnte dementsprechend die Identifikations- oder die Kultur- und Bildungssteuer an sich selbst auszahlen. Wie mit diesem Problem umzugehen ist, welche Mindest-Mitgliederzahl also verbindlich vorgegeben werden soll, müssen diese Sparten in einem übergreifenden zwischenstaatlichen Konsens regeln. Sie müssen darüber hinaus den Verwaltungsstaaten in dieser Frage eine einvernehmliche Amtshilfeanweisung erteilen, damit Kultur- und Bildungssteuern und Identifikationssteuern nicht in falsche Hände geraten.

Regeln und Instanzen der Konfliktlösung

Der Abschied vom Universalstaat mit seiner allzuständigen Zentralgewalt und seinen starren Grenzen kann nur dort vollzogen werden, wo ein solides gegenseitiges Vertrauen in die demokratischen Grundüberzeugungen herrscht. Politische Regeltreue und Friedenswille müssen weit entwickelt sein, bevor über Grenzen und Mitgliedschaft von Spartenstaaten in demokratischen Verfahren bestimmt werden kann. Wo diese Voraussetzungen aber gegeben sind, brauchen Verstöße gegen die zwischenstaatliche Ordnung kaum befürchtet zu werden. Die Verselbständigung der Staatssparten und die Demokratisierung der Staatszugehörigkeitsfrage brächten keinen zusätzlichen zwischenstaatlichen Konfliktstoff, sondern sie wären die Grundlage für einen konfliktfreien Wandel.

Dies bedeutet natürlich nicht, daß das politische Einvernehmen in allen zwischenstaatlichen Detailfragen gesichert wäre. Der Bedarf an staatenübergreifender Koordination bliebe mindestens ebenso umfangreich wie im Universalstaatssystem. Zu den Koordinierungsaufgaben würde auch die Fortschreibung des Konsenses über die zwischenstaatliche Ordnung gehören, der sich zunächst auf evolutionärem Wege einstellen soll. Außerdem müßten Kontroll- und Schlichtungsfunktionen wahrgenommen werden, wo immer dieser Konsens von den beteiligten Spartenstaaten unterschiedlich ausgelegt wird. Auch für offene Regelverstöße müßte geeignete Vorsorge getroffen werden, und zwar insbesondere für den Fall, daß ein Spartenstaat seinen Bürgern den Austritt oder Übertritt ordnungswidrig verwehrt. Für diese zwischenstaatlichen Aufgaben bedarf es gemeinschaftlicher, koordinierender Institutionen, die bei Regelverstößen notfalls auch gewaltsame Gegenmaßnahmen ergreifen können.

Die Struktur des zwischenstaatlichen Institutionengefüges, in dem diese Aufgaben wahrzunehmen wären, müßte die Spartenstruktur auf der einzelstaatlichen Ebene widerspiegeln. Statt der gewohnten internationalen Organisationen der Universalstaaten würden spezialisierte Kooperationsinstanzen für die einzelnen Staatssparten entstehen. In einem Europa unabhängiger Staatssparten beispielsweise müßte es zwischenstaatliche Organisationen der europäischen Sicherheitsstaaten, der Währungsstaaten, der Verwaltungsstaaten, der Kultur- und Bildungsgemeinschaften und der Identifikationsgemeinschaften geben.

Darüber hinaus müßte auf der zwischenstaatlichen Ebene auch eine Koordinationsinstanz mit spartenübergreifender Zuständigkeit geschaffen werden. Dieser Instanz würde es obliegen, die Aufgabenabgrenzung zwischen den Staatssparten dem Wandel der politischen Problemlandschaft anzupassen. Sie wäre das verfassunggebende Organ in spartenübergreifenden Angelegenheiten. Sie könnte zugleich die Schiedsinstanz sein, die einen eventuellen Auslegungsdissens über die Aufgabenabgrenzung unter den Staatssparten schlichtet.

Diese Struktur zwischenstaatlicher Organisationen müßte letzten Endes auch auf der Ebene der Weltorganisationen Entsprechung finden. Da Spartenstaaten sich nicht in herkömmliche internationale Organisationen integrieren ließen, müßte auch ein Gebilde wie die UNO in einzelne Sparten aufgelöst werden. Von den politisch allzuständigen Vereinten Nationen würde dabei eine Organisation Vereinter Verwaltungsstaaten übrigbleiben. Daneben gäbe es statt eines Weltsicherheitsrates innerhalb der Vereinten Nationen einen eigenständigen Weltfriedensrat, in dem alle einzelstaatlichen Friedensräte als Mitglieder vertreten wären. Für Entwicklungshilfe und verwandte Aufgaben gäbe es einen Weltsolidarrat, dem alle staatlichen Solidargemeinschaften angehörten. Die Währungsgemeinschaften würden sich in einem Währungsrat koordinieren, und die Traditionsgemeinschaften in einem globalen Kultur- und Bildungsrat. In einem Weltidentifikationsrat schließlich würden sich die einzelstaatlichen Identifikationsräte bzw. die von ihnen nominierten königlichen oder sonstigen Repräsentationsinstanzen zusammenfinden. Diesem Weltidentifikationsrat könnten Institutionen wie das Internationale Olympische Komitee und die einzelnen Weltsportverbände angegliedert werden. Er könnte sogar einen Weltrepräsentanten als übergeordnete, für die Menschheit als ganze zuständige Identifikationsfigur wählen. Ein solcher von der übrigen Spartenpolitik unbelasteter Weltrepräsentant könnte zur Symbolfigur einer neuen globalen Kooperationskultur werden.

In dieses globale zwischenstaatliche Institutionengefüge müßte auch die Zuständigkeit für den Umgang mit Regelverstößen gegen die gemeinsame Ordnung eingeordnet werden. Es müßte geklärt werden, welche Instanzen zur Gewaltanwendung im Namen der Staatengemeinschaft legitimiert wären, unter welchen Umständen ein gewaltsames Vorgehen von der Staatengemeinschaft unterstützt würde und welche gewaltsamen Mittel gegen welche Regelverstöße einzusetzen wären.

Die Frage der Gewaltanwendung stellt sich im allgemeinen nur im Umgang mit denjenigen Sparten, die ihrerseits als Staatsgewalt fungieren und damit letztlich die Einhaltung der demokratischen Ordnung auf ihrem Staatsgebiet zu gewährleisten haben. Diese sind die Verwaltungs- und die Sicherheitssparte.

Ein Sicherheitsstaat kann zum Beispiel einen demokratischen Beschluß über die Aufspaltung seines Staatsgebietes oder über den Übertritt einer Region zum benachbarten Sicherheitsstaat gewaltsam verhindern. Wenn etwa die Schotten nach anerkannten demokratischen Regeln beschließen, sich aus einem gesamtbritischen Sicherheitsstaat herauszulösen und eigene Streitkräfte einzurichten, könnten britische Streitkräfte sich dem Vollzug dieser Abspaltung widersetzen. Im Zuge der Auflösung Jugoslawiens ist ein Konfliktfall genau dieser Art, wenn auch im universalstaatlichen Kontext, eingetreten. Teile der jugoslawischen Armee blieben auf slowenischem und später auf kroatischem und bosnischem Territorium, als dort die legitime demokratische Entscheidung zum Aufbau eigener Streitkräfte längst gefallen war.

Ganz ähnliche Konfliktfälle können sich ergeben, wenn einzelne

Regionen sich aus bestehenden Verwaltungsgemeinschaften herauslösen wollen. Wenn in Quebec, Korsika, Schottland, Flandern oder Katalonien mit demokratischer Mehrheit beschlossen würde, einen eigenen Verwaltungsstaat aufzubauen, könnte eine bestehende Zentralverwaltung versuchen, den Vollzug solcher Abspaltung mit Polizeigewalt zu unterbinden. Auch dies wäre ein Konfliktfall, mit dem die Staatengemeinschaft sich befassen müßte.

Konfliktauslöser kann der Verwaltungsstaat auch dadurch werden, daß er das demokratische Verfahren in Identifikations-, Währungs- oder Traditionsgemeinschaften behindert. Er kann die Abhaltung demokratischer Wahlen über die staatliche Zugehörigkeit oder die Umsetzung von Wahlergebnissen vereiteln, und er kann Traditions- oder Identifikationsgemeinschaften mit Polizei- und Finanzgewalt unterdrücken. Ein bosnischer oder französischer Verwaltungsstaat könnte sich zum Beispiel dem demokratischen Beschluß der moslemischen Minderheit, auf seinem Territorium eine moslemische Traditionsgemeinschaft mit eigenem Kultur- und Bildungssystem aufzubauen, widersetzen. Er brauchte nur seinen Finanzämtern die Anweisung zu geben, der betreffenden Gemeinschaft die Kultur- und Bildungssteuerbeträge ihrer Mitglieder vorzuenthalten. Ein britischer Verwaltungsstaat könnte einer schottischen Identifikationsgemeinschaft, die gern ein schottisches Königshaus finanzieren möchte, den steuerlichen Mittelzufluß sperren. Auch ein Währungsstaat könnte von einer Verwaltungsgemeinschaft am Vollzug demokratischer Entscheidungen gehindert werden. Ein britischer oder italienischer Verwaltungsstaat hätte es in der Hand, die vom Währungsparlament beschlossene, möglicherweise per Referendum bekräftigte Integration seines Staatsgebietes in einen europäischen Währungsverbund zu unterbinden. Auch in solchen Fällen wäre eine Reaktion der Staatengemeinschaft gefragt.

Wirksame Maßnahmen gegen solche Regelverstöße der Sicherheits- und Verwaltungsstaaten können nur diejenigen Institutionen ergreifen, die über die hierzu notwendigen Machtmittel verfügen. Das wären in erster Linie andere Sicherheitsstaaten, aber auch die polizeiliche Gewalt von Verwaltungsstaaten kann zu diesem Zweck gefragt sein. Wo immer – und in welcher Sparte immer – die demokratische Willensbildung über die Staatszugehörigkeit behindert wird, müßte daher verwaltungs- oder sicherheitsstaatliche Hilfe von außerhalb geleistet werden. Dies kann im Extremfall die kriegerische Intervention des einen gegen einen anderen Sicherheitsstaat sein, es kann die Intervention eines Sicherheitsstaates gegen einen auf demselben Territorium zuständigen Verwaltungsstaat sein oder der Handelsboykott mehrerer Verwaltungsstaaten gegen einen regeluntreuen Nachbarn.

Eigenständige Sicherheits- und Verwaltungsstaaten könnten natürlich auch in Konflikte mit Staaten außerhalb ihres Ordnungssystems, d.h. mit herkömmlichen Universalstaaten verwickelt werden. Dies können zum einen schlichtweg undemokratische Diktaturen sein. Zum anderen können es auch demokratische Staaten sein, die am Prinzip der starren Grenzen festhalten und Minderheiten das Recht verwehren, über Abspaltung oder Übertritt selbst zu entscheiden. Die Sicherheits- und Verwaltungsstaaten müßten gegenüber diesen Universalstaaten auf zwischen- und innerstaatliches Unrecht angemessen reagieren können. Sie müßten über ein zeitgemäßes Handlungskonzept für Fälle wie die Besetzung Kuweits durch den Irak, die Aggression Serbiens gegen seine Nachbarrepubliken oder die Unterdrückung des kurdischen Unabhängigkeitsstrebens durch die Türkei verfügen.

Wie schwer es ist, für solche Interventionsfälle geeignete Handlungsmaximen zu entwickeln, haben der Kuweit-Krieg und die innerjugoslawischen Kriege erkennen lassen. Weder aus der interventionistischen Entschlossenheit im kuweitischen noch aus der ratlosen Zurückhaltung im jugoslawischen Fall lassen sich im nachhinein brauchbare Entscheidungsgrundlagen für künftige demokratische Konfliktlösungen herleiten. In beiden Fällen wurde eher deutlich, daß das demokratische Prinzip auf der weltpolitischen Bühne immer noch ein sehr geringes Gewicht hat.

Einige europäische Staaten wie Frankreich, Großbritannien, Spanien, Belgien, Italien und die anfänglich noch existierende Sowjetunion mußten in ihrer Jugoslawienpolitik darauf Rücksicht nehmen, daß ihr eigener innenpolitischer Umgang mit dem Staatsgrenzenproblem alles andere als demokratisch war. In keinem dieser Staaten war es gängige innenpolitische Praxis, Minderheiten nach ihren Staatszugehörigkeitsbedürfnissen zu befragen und demokratische Beschlüsse über Aufspaltungen oder Verkleinerungen des Staatsgebietes zu riskieren. Aus dieser Position fehlte es an der moralischen Legitimation, andere Staaten zu demokratisch gebotenen Grenzkorrekturen zu zwingen. Dies verhinderte im Jugoslawienkonflikt eine geschlossene internationale Intervention, die als Eingriff zugunsten des demokratischen Prinzips deutbar gewesen wäre.

Als Intervention zugunsten des demokratischen Prinzips war natürlich auch der Krieg gegen den Irak nicht zu deuten. Die Vertreibung der irakischen Truppen aus Kuweit war zwar ein Ziel, das die allseitige demokratische Zustimmung hatte. Dies gilt jedoch nicht für die Mittel, mit denen dieses Ziel auf irakischem Territorium verfolgt wurde. Eine Staatengemeinschaft, die der Demokratie auch in der Außenpolitik verpflichtet ist, muß beim Einschreiten gegen regelverletzende Staaten auch mit deren Bürgern demokratisch umgehen. Sie kann zwar in den betreffenden Staatsgebieten keine demokratischen Abstimmungen veranstalten. Sie muß aber bei der Wahl der Mittel, mit denen sie gegen diese Staaten vorgeht, auf ein stillschweigendes Einverständnis der betroffenen Bevölkerung abzielen.

Dies bedeutet, daß die intervenierenden Staaten quasi über den Kopf des regeluntreuen Staates hinweg eine Art Interventionsvertrag mit dessen Staatsvolk abschließen müssen. Nur so kann mit der gewaltsamen Intervention zugleich die Grundlage für eine spätere regeltreue Demokratie im bekämpften Staat gelegt werden. Der jüngste Golfkrieg war hierzu das negative Gegenbeispiel, bei dem die Bevölkerung des regelverletzenden Staates nicht in die Konsensbemühungen einbezogen wurde.

Das letzte Mittel, mit dem die stillschweigende Billigung des betroffenen Staatsvolkes eingeworben werden kann, ist natürlich der Krieg auf dessen Territorium. Da das Volk von einem solchen Krieg in einer Weise in Mitleidenschaft gezogen wird, für die die intervenierenden Staaten kaum eine überzeugende Wiedergutmachung anbieten können, darf sein Einverständnis nicht leichtfertig unterstellt werden. Wo aber dieses Einverständnis im vorhinein fehlt, wird die kriegerische Intervention von der betroffenen Bevölkerung im nachhinein kaum mit demokratischer Regeltreue belohnt werden. Mit solchen Interventionen kann eine neue, konsequent demokratische zwischenstaatliche Ordnung nicht glaubhaft verteidigt bzw. durchgesetzt werden. Hieran ändert auch ein moralisch noch so zweifelsfreier Kriegsgrund nichts.

Ein Staatsvolk wird die Intervention gegen seinen Staat allenfalls dann stillschweigend billigen, wenn es für die Lasten und Leiden dieser Intervention im nachhinein angemessen entschädigt werden kann. Dies ist bei Handelsboykotts und ähnlichen Sanktionen – soweit diese nicht auf überlebenswichtige Güter ausgedehnt sind – prinzipiell der Fall. Das Abschneiden eines Staates vom zwischenstaatlichen Personen-, Waren-, Geld- und Informationsaustausch verursacht persönliche Belastungen, die bei den betroffenen Menschen durchweg als nachträglich kompensierbar gelten dürften. Eine demokratische Staatengemeinschaft kann daher die Bevölkerung eines undemokratischen Verwaltungs- oder Sicherheitsstaates solchen Sanktionen aussetzen, ohne damit notwendigerweise gegen demokratische Konsensregeln zu verstoßen. Mit dem glaubwürdigen Versprechen, für sanktionsbedingte Entbehrungen im nachhinein solidarische Ausgleichszahlungen zu leisten, können sie ihren Maßnahmen eine zwar fiktive, aber dennoch plausible demokratische Legitimation im gegnerischen Lande verschaffen.

Wenn diese Ausgleichszahlungen nicht dem gegnerischen Staat, sondern von vornherein direkt dem Volk angeboten werden, dann muß der dadurch entstandene stillschweigende Vertrag auch im nachhinein direkt mit dem Volk abgewickelt werden. Es muß dabei bleiben, daß das angesprochene Volk möglichst unmittelbar zum Empfänger dieser Zahlungen gemacht wird. Dies ist auf sehr einfache Weise in Form einer Bürgergeldhilfe möglich. Für die durch Wirtschaftssanktionen erlittenen Nachteile kann ein ganzes Volk gerecht und gleichmäßig entschädigt werden, wenn allen Bürgern im nachhinein ein Pro-Kopf-Betrag in Form des Bürgergeldes ausgezahlt wird. Auf diese Weise läßt sich die Sanktion gegen den Staat mit einem überzeugenden Hilfeversprechen an das Volk verbinden. Dies ist das Konzept, das ein offensives und geschlossenes Vorgehen der Staatengemeinschaft gegen regelverletzende Einzelstaaten erlaubt und zugleich die Bevölkerung der betroffenen undemokratischen Staaten für sich einnehmen würde. Es würde auch den begrenzten Einsatz militärischer Gewalt rechtfertigen, sofern diese ausschließlich zur Durchsetzung demokratisch legitimierter Sanktionen ergriffen wird.

Der letzte Golfkrieg war ein Beispiel für den ganz andersartigen Umgang mit den Bürgern eines bekämpften Staates, der in der herkömmlichen Außen- und Sicherheitspolitik praktiziert wird. Hier wurde die militärische Intervention mit einer anschließenden Reparationsforderung verknüpft, die ebenso gegen das irakische Volk wie gegen den irakischen Staat gerichtet war. Dieses Vorgehen war natürlich wenig geeignet, den Konsens über die Notwendigkeit des Krieges auf das irakische Volk auszudehnen.

Demgegenüber ist die Verbindung konsequenter Sanktionen mit dem Versprechen auf anschließende Entschädigungszahlung nicht nur demokratischer, sondern sie verspricht auf längere Sicht auch den nachhaltigeren politischen Erfolg. Sie schafft bei den Bürgern des bekämpften Staates einen materiellen Anreiz, sich der undemokratischen Staatsführung mit eigener Kraft zu entledigen und sich dadurch die versprochene Entschädigung der Staatengemeinschaft zu sichern. Diese Entschädigung wird damit quasi zur Prämie für den Sturz der illegitimen Staatsführung, die die zwischenstaatliche Ordnung verletzt hat. Der äußere Druck der Sanktionen wird auf diese Weise durch einen innerstaatlichen Druck ergänzt. Mit einem solchen Interventionskonzept hätten gute Aussichten bestanden, unter anderem einen Krieg wie den serbisch-kroatischen zu verhindern oder frühzeitig zu beenden und zugleich die Demokratie in Serbien zu stärken.

Die Verbindung von repressiver Sanktion gegen einen Staat und solidarischer Hilfezusage an dessen Staatsvolk kann in einem System selbständiger Staatssparten nicht von einem einzelnen Spartenstaat und auch nicht von einer spartenspezifischen zwischenstaatlichen Koordinierungsstelle sichergestellt werden. Die Wirtschaftssanktion ist in erster Linie ein Akt der Verwaltungsstaaten, der eventuell von Sicherheitsstaaten militärisch abzusichern ist. Die nachträgliche Hilfe an das von Sanktionen betroffene Volk dagegen würde in die Aufgabenstellung der Solidarstaaten fallen. Schlagkräftige Interventionen gegen Verletzungen der zwischenstaatlichen Ordnung bedürften daher der Mitwirkung einer größeren Anzahl staatlicher und zwischenstaatlicher Institutionen, als man dies bisher gewohnt ist. Entsprechend groß wäre auch die politische Koordinierungsanstrengung, die zur Realisierung solcher Interventionen notwendig wäre. Regierungen, Militärräte, Friedensräte, Solidarräte und die entsprechenden zwischenstaatlichen Koordinierungsinstanzen wären mit der Interventionsentscheidung befaßt. Der Entscheidungsprozeß im Vorfelde gewaltsamer

Interventionen wird dadurch zwar etwas komplizierter als unter herkömmlichen Verhältnissen. Die zwischenstaatliche Gewaltanwendung dürfte aber der besondere Ausnahmefall sein, in dem eine Komplikation des politischen Verfahrens durchaus zu begrüßen ist.

6. REALE STAATSGRENZEN IM DEMOKRATISCHEN WETTBEWERB: VERMUTUNGEN ÜBER DEN ANPASSUNGSBEDARF

Die innen- und außenpolitische Bedeutung selbständiger Staatssparten

In den meisten demokratischen Staaten verspürt vermutlich nur eine Minderheit ein akutes Bedürfnis nach erweiterter Selbstbestimmung über die Staatszugehörigkeiten. Zum Teil liegt dies noch daran, daß die Möglichkeiten einer solchen Selbstbestimmung in der Öffentlichkeit kaum diskutiert wurden. Aber selbst wenn sie sich all dieser Möglichkeiten bewußt wären, würden viele Bürger sich von einer Bereinigung der politischen Landkarte wenig Vorteile versprechen. Sie fühlen sich persönlich hiervon zu wenig berührt.

Dieses geringe Interesse der Bevölkerungsmehrheit ist zwar kein moralisch überzeugendes Argument, es bei den bestehenden Verhältnissen zu belassen. Es kann aber für die Beschlußlage einer Mehrheitsdemokratie innerhalb der bestehenden Staatsgrenzen doch den Ausschlag geben. Insofern erscheint es zunächst eher unwahrscheinlich, daß sich die notwendige politische Dynamik zugunsten der hier skizzierten zwischenstaatlichen Ordnung entwickeln kann.

Diese Ordnung kann aber auch bei einer indifferenten Mehrheit Unterstützung finden, wenn sie noch andere, über das Staatsgrenzenproblem hinausgehende Vorteile bietet. Es kommt darauf an, ob das System selbständiger Staatssparten sich auch in seinen innenpolitischen Leistungen gegenüber dem herkömmlichen allzuständigen Universalstaat überlegen zeigt. Nur aus solchen innenpolitischen Überlegenheiten könnte dieses System in vielen Ländern mehrheitsfähig werden.

Über den Nutzen selbständiger Spartenstaaten würde vor dem Hintergrund eines weltweit wachsenden Unbehagens an der Leistungsfähigkeit des demokratischen Universalstaates geurteilt.

Die politische Öffentlichkeit nimmt den Anspruch dieses Staates, das gesamte Spektrum der politischen Probleme kompetent abdecken zu können, immer weniger ernst. Dies belastet nicht nur die persönliche Glaubwürdigkeit der verantwortlichen Politiker, sondern es führt zu einem akuten Überdruß an der gesamten herkömmlichen Politik und an dem Vokabular, in dem diese sich dem Bürger präsentiert. Die in fast allen demokratischen Staaten gesunkene Wahlbeteiligung ist eins der deutlichen Symptome dieser Entwicklung.

Das politische System des allzuständigen Staates fordert den Unmut der Bürger gleichzeitig auf zweierlei Weise heraus. Es tut dies zum einen in seiner Eigenschaft als anonymer, immer schwerer durchschaubarer Entscheidungsapparat, in dem überkomplexe politische Sachprobleme fernab vom Einblick und Einfluß des Bürgers abgehandelt werden. Dieser Apparat läßt das demokratische Wahlverfahren häufig nur noch als schmückendes Beiwerk erscheinen, das dem Bürger kaum noch gezielte Eingriffe auf den politischen Gang der Dinge ermöglicht.

Unmut erzeugt zugleich aber die öffentliche Zuspitzung der Politik auf die Spitzenakteure, die dem anonymen politischen Prozeß als Repräsentanten aufgesetzt sind. Die Präsidenten der Präsidialdemokratien, aber ähnlich auch die parlamentarisch gewählten Regierungschefs präsentieren sich als allzuständige Problemlöser, bei denen die Verantwortung für das gesamte Spektrum der Politik gebündelt ist und die sich daher eine entsprechend gebündelte, universelle Sachkompetenz anmaßen müssen. Daß diese Kompetenzanmaßung angesichts der wachsenden Komplexität des Problemspektrums illusorisch geworden ist, ahnt aber längst auch der politische Durchschnittsbürger. Dies kommt in der zunehmenden Gleichgültigkeit gegenüber den Schaukämpfen der politischen Spitzenkandidaten und in der weitergehenden Desillusionierung über die gesamte politische Führungsschicht zum Ausdruck. Der Staats- bzw. Regierungschef, der gestern ferne Diktatoren kühn besiegt hat, heute seinem Volk den Weg aus der ökonomischen Krise weisen, morgen den Bildungsnotstand meistern, die innere Sicherheit neu begründen, sich den wachsenden Wohlstandsdiskrepanzen, der Inflation und der Aushöhlung der Staatsfinanzen entgegenstemmen, einen salomonischen Kompromiß im Abtreibungsrecht finden und der drohenden ökologischen Katastrophen Herr werden will, wird nur noch von einem geringeren Teil der Bevölkerung als sachverständiger Dialogpartner respektiert. Solche allzuständigen Verantwortungsträger werden als überforderte Politikdarsteller durchschaut, die nur noch die ihnen zugeschobenen Lösungsformeln für politische Probleme in der Öffentlichkeit präsentieren können. Das Universalstaatsprinzip erzeugt auf diese Weise eine mit der Öffentlichkeitsarbeit weitgehend ausgelastete politische Führungsspitze, unterhalb deren die einzelnen Politiksparten sich in ihrer eigentlichen Sacharbeit schon weitgehend verselbständigt haben. Vom universalstaatlichen Zusammenhalt ist in dieser Sacharbeit nur noch wenig zu spüren.

Damit ist aber eine Auflösung des Staates in unabhängige Sparten de facto schon teilweise vorweggenommen. Sich zu dieser Auflösung zu bekennen und sie fest zu institutionalisieren, ist unter diesen Umständen die naheliegende politische Schlußfolgerung. Hiermit wird kein vollkommen neuartiges und praxisfernes Verfahren eingeführt, sondern es würde nur der Trend zur spartenspezifischen Expertenentscheidung offengelegt, der hinter dem Schleier der universalstaatlichen Spitzeninstitutionen ohnehin schon weit vorangeschritten ist.

Wirkliches politisches Neuland würde also nicht mit der Auffächerung der Sacharbeit in eigenständige Bereiche betreten. Neuland wäre nur noch die Auffächerung der Demokratie in ein mehrspuriges Verfahren, das den Wählern separate Eingriffsmöglichkeiten in die einzelnen politischen Sparten eröffnet. Den Wählern erspart dieses Verfahren nicht nur die bekannten Enttäuschungen, die ihnen derzeit von den überforderten politischen Universaldarstellern zugemutet werden. Es begünstigt zugleich einen gezielteren, spartenbezogenen politischen Dialog und entsprechend transparentere politische Entscheidungsprozesse. Dies ließe insgesamt bessere innenpolitische Ergebnisse erwarten, als der allzuständige Universalstaat sie hervorbringt.

Die Aufspaltung des Staates in unabhängige Sparten bietet daher auch jener Mehrheit der Bürger handfeste Vorteile, denen die demokratische Selbstbestimmung über Staatsgrenze und Staatszugehörigkeit relativ unbedeutend erscheint. Sobald diese Aufspaltung des Staates aber wegen ihrer innenpolitischen Vorteile vollzogen ist, ist es zu einer zwischenstaatlichen Ordnung der oben beschriebenen Art nur noch ein kleiner Schritt. Das Festhalten am herkömmlichen Umgang mit Staatsgrenzen und Staatsbürgerschaften wäre dann nur noch eine undemokratische Schikane. Mit dem Hinweis auf die Unwägbarkeiten der Umgestaltung des Staates wäre es auf jeden Fall nicht mehr zu rechtfertigen.

Die Beibehaltung starrer Staatsgrenzen für verselbständigte Staatssparten wäre für die Gesamtbevölkerung auch deswegen nachteilig, weil ihr damit die Früchte des intensivierten demokratischen Wettbewerbs entgingen. Im offenen Wettbewerb um Staatsgebiete und Staatsbürger würden ungeahnte Lösungen für politische Probleme vielfach erst aufgedeckt. Auch manche zuvor unterschwellige Unzufriedenheit mit den bestehenden Verhältnissen könnte praxisnah artikuliert, verschüttete Bedürfnisse also in konstruktive Politik umgesetzt werden. Die Qualität politischer Entscheidungen würde dadurch in vielen Bereichen positiv beeinflußt.

Die besseren Lösungen, die von einem demokratischen Wettbewerb zwischen den Spartenstaaten zu erwarten wären, betreffen die gesamte von den einzelnen Sparten betriebene Innen- und Außenpolitik. Der Wettbewerb um Staatsbürger und Staatsgebiete würde die politischen Führungen der einzelnen Sparten in allen Belangen unter höheren Leistungsdruck setzen. Wenn beispielsweise ein Währungsstaat auf Dauer viel höhere Inflationsraten zuließe als einer seiner Nachbarn, würden die Bürger hierauf irgendwann mit einem demokratischen Übertrittsbegehren zum Gebiet der stabileren Nachbarwährung reagieren. Mit der gleichen Reaktion wäre bei einem qualitativen Gefälle in der inneren und äußeren Sicherheit, in der Umweltpolitik, in der sozialen Sicherung, der Kulturförderung oder im Bildungssystem zu rechnen.

Der zwischenstaatliche Wettbewerb hätte aber immer auch eine vorauseilende Wirkung, die das qualitative Gefälle der Politikangebote einebnet. Neue, zeitgemäßere Politikkonzeptionen würden überall zügiger realisiert, und der Abschied von überholten Konzeptionen würde schneller erzwungen. Im Bereich der Solidarstaaten beispielsweise würde der konzeptionelle Wettbewerb zwischen der herkömmlichen Verteilungspolitik und dem Bürgergeldsystem intensiver ausgetragen, und das Bürgergeldsystem würde vermutlich schneller an Boden gewinnen.

Auf diese Weise würde im politischen Wettbewerb auch dafür gesorgt, daß überlebte Ideologien zügiger überwunden werden. Damit würde indirekt der Druck auf das Angebot an gesellschaftsbezogenen Theorien verstärkt und ein viel praxisnäheres Theoriegeschehen geschaffen, als der Wissenschaftsbetrieb des herkömmlichen Universalstaates es hervorbringt. Dies würde noch dadurch begünstigt, daß die Kultur- und Bildungspolitik im Rahmen der Traditionsgemeinschaften verselbständigt und dem demokratischen Wettbewerb ausgesetzt würde. Wenn verschiedene Träger des Wissenschaftsbetriebes in freier Konkurrenz um steuerzahlende Mitglieder ringen, ist die Hauptursache für das unzeitgemäße Beharrungsvermögen wissenschaftlicher Meinungen beseitigt.

Änderungstrends in den Einzelsparten

Wenn der demokratische Wettbewerb um Staatsgebiet und Staatsvolk das zwischenstaatliche Qualitätsgefälle der Politik verringert, kann er damit dem Bedürfnis nach Wechsel der Staatsbürgerschaft zuvorkommen. Die politische Landkarte würde sich nicht so stark wandeln, wie man es nach der herrschenden Bedürfnis- und Konfliktlage vermuten könnte. Insofern besteht der vorrangige Zweck der zwischenstaatlichen Wettbewerbsordnung keineswegs darin, diesen Wandel zu beschleunigen. Viel wichtiger ist, daß die Spartenstaaten auch in ihren jeweils bestehenden Grenzen stärker auf die differenzierten Bedürfnisse der Bürger eingehen müßten. Der Austritt aus einem Spartenstaat bliebe dann die seltene Ultima ratio, die erst nach Ausschöpfung der erheblich verbesserten innerstaatlichen Möglichkeiten in Betracht käme.

Nicht nur wegen dieser positiven innerstaatlichen Auswirkung des Spartensystems fällt die Prognose schwer, welche konkreten Veränderungen der Staatszugehörigkeiten und Staatsgrenzen sich in den einzelnen Sparten einstellen würden. Die Entwicklung in den postsozialistischen Staaten hat gezeigt, wie unerwartet sich verdrängte staatsbürgerliche Bedürfnisse hervortun können, sobald das Spektrum der politischen Alternativen weiter geöffnet wird. Die Einrichtung unabhängiger, um die Bürger und deren Steuern konkurrierender Spartenstaaten könnte auf die politischen Bedürfnisstrukturen ähnlich unvorhersehbare Auswirkungen haben wie das Abschütteln der sozialistischen Staatsform. Entsprechende Vorsicht ist bei Prognosen in dieser Frage geboten.

Wenn man über die aktuellen politischen Turbulenzen hinwegsieht, lassen sich aber einige allgemeingültige Tendenzen im zeitgenössischen Bedürfnis nach Änderung von Staatsgrenzen und Staatsgrößen diagnostizieren. Für die einzelnen Staatssparten zeichnen sich diese Tendenzen klarer ab als für ein System herkömmlicher Universalstaaten. Einige konkrete Spekulationen über die Konturen eventueller unabhängiger Spartenstaaten können daher an dieser Stelle gewagt werden. Die politische 'Weltordnung' des Staatsspartensystems wird dadurch etwas anschaulicher.

Grundlage solcher Spekulationen müssen die realen Kriterien sein, an denen sich das demokratische Staatszugehörigkeitsbedürfnis in den einzelnen Sparten orientiert. Ein Kriterium, das in allen Sparten eine wichtige Rolle spielt, sind die geographischen Gegebenheiten. Ein extremes Beispiel hierfür ist die abgelegene Insellage.

Für das abgelegene Inselvolk ist der Spielraum in der Frage der Staatszugehörigkeit offensichtlich sehr gering. Wenn Insel und Inselvolk eine gewisse Mindestgröße haben, ist die Inselküste eine natürliche Grenze des Verwaltungsstaates, des Solidarstaates und auch des Sicherheitsstaates. Sie ist, vor allem wenn das Inselvolk eine eigene Sprache hat, zugleich die natürliche Grenze der Traditions- und Identifikationsgemeinschaft. Demokratisch legitimierte Staatsgrenzen werden auch in Zukunft von solchen geographischen Faktoren beeinflußt bleiben, wenngleich die modernen Verkehrs- und Kommunikationsmittel eine staatliche Anbindung über große Entfernungen hinweg erleichtern. Australien ist das Beispiel für einen Inselstaat, auf dem der Wettbewerb um Staatsgrenzen und Staatsbürger in den meisten Sparten wenig verändern würde.

Das zweite Kriterium, an dem das Staatszugehörigkeitsbedürfnis sich orientiert, ist die kulturelle und ethnische Gemeinsamkeit. Sprach-, Religions- und Rassengrenzen behalten auch in modernen, aufgeklärten Gesellschaften ihre Wirkung auf das staatsbürgerliche Gemeinschaftsgefühl, und zwar nicht nur in der Traditionsgemeinschaft. Die Sprachgrenze ist zudem immer eine gewisse Schwelle für die Effizienzgemeinschaften, da die Integration mehrerer Sprachen in Verwaltung, Streitkräften und anderen Institutionen Kosten verursacht. Über die Sprachgrenze hinaus wird der Staat sich in den meisten Sparten daher nur ausdehnen, wenn dies dem Bürger sehr konkrete Vorteile verspricht.

Zu einem wichtigen Kriterium des staatlichen Zusammengehörigkeitsbedürfnisses ist – zumindest in den höher entwickelten Wohlstandsstaaten – inzwischen auch die bestehende staatliche Infrastruktur geworden. Insbesondere der Verwaltungsstaat, aber auch andere Bereiche wie Währungs- und Sicherheitsstaat lassen sich nur noch mit verhältnismäßig hohem Aufwand aus den gewachsenen organisatorischen Strukturen herauslösen. Die Bereitschaft zur Revision der Staatsgrenzen kann dadurch erheblich eingeschränkt sein. Daß die Sowjetunion und Jugoslawien zunächst exakt am Grenzverlauf der alten Teilrepubliken auseinanderfielen, obwohl dies manche neuen Konfliktpotentiale schuf, ist unter anderem mit den vorhandenen organisatorischen Infrastrukturen und den Kosten ihrer Umgestaltung zu erklären.

Aus diesen drei Konstanten ergibt sich ein Grundmuster der Staatenstruktur, das in den einzelnen Staatssparten durch zeitabhängige Befindlichkeiten und technologische Gegebenheiten ausgefüllt wird. Bei den Traditionsgemeinschaften würde ein zeitgenössischer Trend darauf hinwirken, daß sich die Mitgliedschaften wieder enger an die kulturellen und ethnischen Strukturen anlehnen. Vom Zwang zur Kongruenz mit dem Verwaltungsstaat und den anderen Effizienzsparten befreit, würden diese Gemeinschaften in einer viel größeren regionalen, organisatorischen und weltanschaulichen Vielfalt entstehen. Wo immer derzeit separatistische Tendenzen zu beobachten sind, würden diese sich vermutlich zuerst in einer Verselbständigung regionaler Traditionsgemeinschaften niederschlagen. Frankokanadier, Basken, Flamen, Slowaken, Katalanen und andere Minderheiten würden sich kultur- und bildungspolitisch noch konsequenter verselbständigen als bisher, um mit ihren eigenen Steuermitteln eigene kultur- und bildungspolitische Institutionen zu finanzieren. In einigen Fällen wäre das separatistische Bedürfnis damit vermutlich schon vollständig befriedigt.

In der Traditionssparte wäre zudem mit einer zügigen Verdrängung der Gebietsmonopole zu rechnen. Nicht nur dort, wo Sprach- und Kulturgruppen geographisch durchmischt sind, sondern auch in allen anderen Regionen würde die Pluralität kultur- und bildungspolitischer Überzeugungen sich bald in einer entsprechenden Pluralität von Kultur- und Bildungsgemeinschaften niederschlagen. Es gäbe keine deutsche und auch keine bayerische oder hessische Kultur-, Schul- und Hochschulpolitik mehr, sondern verschiedene deutschsprachige Gemeinschaften mit verschiedensten Kultur- und Bildungskonzepten, die sich mit unterschiedlichen geographischen Schwerpunkten und unterschiedlichen geographischen Reichweiten ausbreiten. Daneben würden sich natürlich auch Gemeinschaften bilden, die in mehreren Sprachräumen tätig sind.

Eine ähnliche, wenngleich weniger stark diversifizierende Tendenz wäre bei den Identifikationsgemeinschaften zu erwarten. Auch diese würden sich zunächst eng an kulturellen Gemeinsamkeiten orientieren. Überlagert wäre dies allerdings von dem Bedürfnis, daß die eigene Identifikationsgemeinschaft im Vergleich zu anderen ein gewisses Gewicht hat. Repräsentative Monarchen oder Präsidenten sollen eine gewisse Öffentlichkeitswirkung entfalten, National- und Olympiamannschaften gegenüber ihrer Konkurrenz nicht ganz chancenlos und der steuerfinanzierte identifikatorische Prunk nicht allzu unauffällig sein. Dies kann in Einzelfällen Grund genug sein, sich die Reichweite der Identifikationsgemeinschaft größer zu wünschen als beispielsweise den Sprachraum. Mancher baskische Separatist würde möglicherweise seine Identifikationssteuer zugunsten eines spanischen Königs und spanischer Nationalmannschaften abführen, auch wenn er Mitglied einer eigenständigen nationalen Traditionsgemeinschaft wäre. Sehr kleine Minderheitenvölker wie die Sorben würden vermutlich ganz auf die Gründung eigener Identifikationsgemeinschaften verzichten.

In denjenigen Staatssparten, in denen der Bürger hauptsächlich nach Effizienzkriterien urteilt, wird das gewünschte Staatsgebiet in der Grundtendenz immer größer. Die zunehmende Verflechtung der Volkswirtschaften, die immer umfassendere Interdependenz der Sicherheitsinteressen und der grenzüberschreitende Charakter vieler ökologischer Probleme lassen die geographische Reichweite politischer Effizienzprobleme beständig wachsen. Verwaltungsstaat, Sicherheitsstaat und Währungsstaat werden der Reichweite der ihnen obliegenden Probleme daher in kleineren Einheiten immer weniger gerecht. Dies erkennt auch der durchschnittliche Staatsbürger, und er stellt auf lange Sicht den berechtigten Anspruch, daß die zuständigen Staatssparten hierauf mit angemessenen Integrationsprozessen reagieren. Eine erfolgreiche zwischenstaatliche Kooperation kann diesen Anspruch zwar vorübergehend entschärfen, sie ersetzt aber nicht die demokratische Suche nach der optimalen und effizientesten Abgrenzung des Staatsgebietes.

Am ausgeprägtesten dürfte der Trend zum größeren Staatsgebiet im Bereich der Währungspolitik sein. Aus Effizienzgründen im engeren Sinne ist für den Währungsstaat im Grunde kaum noch eine Gebietsabgrenzung begründbar. Eine weltweite Einheitswährung, die von einem demokratisch gewählten Weltwährungsrat zu verwalten wäre, würde an technischen und administrativen Erfordernissen kaum noch scheitern. Theoretisch hätte, von Übergangsproblemen abgesehen, niemand von dieser Weltwährung einen Nachteil zu erwarten. Welthandel und grenzüberschreitendes Reisen würden erleichtert, die administrativen Kosten der Geld- und Währungspolitik verringert und die wohlstandsmehrende Arbeitsteilung weltweit verbessert.

Noch hat die demokratische Bereitschaft zur Ausdehnung von Währungsgebieten aber wohlbegründete Grenzen. Diese Grenzen sind in erster Linie Grenzen des Vertrauens. Die Bürger derjenigen Länder, in denen dauerhafte Geldwertstabilität herrscht, stünden einem währungspolitischen Zusammenschluß mit weniger stabilitätserfahrenen Gemeinschaften skeptisch gegenüber. Auf eine gemeinsame demokratische Geldpolitik würden sie sich nur mit den Bürgern jener Länder und Regionen einlassen wollen, die ebenfalls einen erprobten Willen zu geldpolitischer Stabilität aufzuweisen haben. Die Angst, Währungsparlament und Währungsrat der geldpolitischen Inkompetenz zu öffnen, ist die eigentliche Barriere vor der Ausweitung des Währungsstaates.

Das gegenseitige Vertrauen in den soliden Umgang mit der Währung wächst nur auf der Grundlage langfristiger Erfolge in der Inflationsbekämpfung. Es entwickelt sich unabhängig von traditionaler und identifikatorischer Verbundenheit, vom solidarischen Empfinden und von sicherheitspolitischen, umweltpolitischen und sonstigen Gemeinsamkeiten. Der demokratische Wille zur gemeinsamen Währung hat daher eine ganz andere Reichweite als der eventuelle Integrationswille in anderen Sparten. Die negative öffentliche Reaktion auf den Versuch, die europäische Währungsintegration in den Rahmen der EG hineinzuzwängen, hat dies in jüngster Zeit deutlich vor Augen geführt. Da die EG nach ganz anderen Kriterien als dem des geldpolitischen Vertrauens zusammengefunden hat, ist sie ein untauglicher Rahmen für eine demokratisch begründete Währungsintegration. Je stärker die Bürger sich künftig in die europäische Integrationspolitik einmischen, desto wahrscheinlicher wird die Verselbständigung der Währungsintegration gegenüber anderen Politikbereichen. Auf streng demokratischem Wege würde eine europäische Währungsintegration sich organischer aus der allmählichen Erweiterung eines zunächst kleineren Zusammenschlusses entwickeln. Ein französisch-belgisches oder ein deutsch-österreichisches Währungsparlament könnte beispielsweise die Keimzelle sein, an die Niederländer, Schweizer, Skandinavier und Briten und schließlich das gesamte Westeuropa sich anschließen. Ein solcher organischer Prozeß könnte sich mühelos innerhalb eines Jahrzehnts vollziehen und sich anschließend nach Osteuropa hin fortsetzen.

Die Vertrauensbarriere ist auch für den Sicherheitsstaat der wichtigste Faktor, der die demokratische Bereitschaft zur territorialen Ausweitung beschränkt. Wenn das Vertrauen nicht geographisch begrenzt wäre, gäbe es für den Sicherheitsstaat ähnlich wie für den Währungsstaat gute Gründe für eine nahezu grenzenlose Integration der Staatsgebiete. Die geographische Reichweite des militärischen Bedrohungspotentials weitet sich ständig aus, und immer mehr Staaten verfügen über die notwendige militärische Technik, um auch entfernt liegende Länder existentiell zu bedrohen. Die Ausbreitung dieses Bedrohungspotentials läßt ein spontanes Bedürfnis nach politischer Integration der Sicherheitsgemeinschaft entstehen. Die Streitkräfte nicht nur in der unmittelbaren Umgebung, sondern auch in entfernteren Regionen unter gemeinsamer demokratischer Kontrolle zu wissen, würde das Sicherheitsempfinden der Bürger festigen. Aus dieser Sicht müßten immer mehr eigenständige Sicherheitsstaaten durch demokratische Integrationsprozesse zu größeren Einheiten zusammenwachsen. Eine solche Integration würde in zunehmendem Maße die sicherheitspolitische Kooperation, wie sie im Rahmen der NATO, der WEU, der KSZE und ähnlicher Bündnisse betrieben wird, ablösen.

Der gemeinsame Wille zu gemeinsamen Streitkräften reift aber nur dort, wo auch gegenseitiges Vertrauen in die Gemeinsamkeit der sicherheitspolitischen Zielsetzung besteht. In der Sicherheitspolitik ist die Sensibilität für dieses Vertrauensproblem aus naheliegenden Gründen besonders ausgeprägt. Wenn durch den Integrationsprozeß Bevölkerungsgruppen von zweifelhaftem Friedenswillen an den sicherheitspolitischen Entscheidungsprozessen beteiligt werden, kann der erhoffte Zugewinn an Sicherheit leicht ins Gegenteil umschlagen. Das eventuelle Mißtrauen gegenüber solchen Bevölkerungsgruppen wird nicht automatisch durch die Schaffung gemeinsamer demokratischer Institutionen ausgeräumt. Auf die hypothetische Frage, ob beispielsweise die Bürger Kroatiens mit den Bürgern Serbiens ein gemeinsames Sicherheitsparlament und gemeinsame Streitkräfte betreiben wollten, bliebe die Antwort auf absehbare Zeit sicher negativ. Auf ähnliche Weise wirken die historischen Altlasten zwischenstaatlicher Gewaltanwendung auch in vielen anderen Weltregionen auf die politischen Vertrauensverhältnisse nach. So dürfte beispielsweise das Vertrauen zwischen den baltischen Völkern und dem russischen, zwischen dem russischen und dem polnischen und zwischen dem griechischen und dem türkischen Volk tief genug erschüttert sein, um dort das Zusammenwachsen größerer, integrierter Sicherheitsgemeinschaften für mindestens eine weitere Generation auszuschließen.

In anderen Regionen dagegen könnten die Vorteile gemeinsamer, von einem gemeinsamen Sicherheitsparlament kontrollierter Streitkräfte in einer weniger fernen Zukunft genutzt werden. Für einen gemeinsamen skandinavischen Sicherheitsstaat wäre die notwendige Vertrauensbasis ohne Zweifel vorhanden, und auch für einen deutsch-französischen Sicherheitsstaat könnte diese Basis in absehbarer Zukunft entstehen. Selbst für das Zusammenwachsen zu einem westeuropäischen Sicherheitsstaat dürfte der Zeithorizont nicht viel länger sein als für die Bildung eines westeuropäischen Währungsstaates.

Auch auf die territoriale Ausdehnung des Verwaltungsstaates hat die Vertrauensfrage einen maßgeblichen Einfluß. Die Vorteile der Vereinheitlichung von Rechts- und Wirtschaftsnormen, die Notwendigkeit einer weiträumigen Umweltpolitik und die Erfordernisse einer weiträumigen Planung der Infrastruktur sprechen zwar zunächst dafür, das Dach eines gemeinsamen Verwaltungsstaates über viele alte Staatsgrenzen hinweg zu spannen. Die Übertragung der Staatsgewalt auf die größere Verwaltungseinheit wird aber von vielen Bürgern als ein politisches Risiko betrachtet, das nicht nach vordergründigen Effizienzkriterien zu bemessen ist. Man will zum Beispiel vermeiden, daß bei Erweiterung des Staatsgebietes Mitbürger von zweifelhafter demokratischer Prinzipientreue, von unterentwickeltem Umweltbewußtsein oder rückständigem Rechtsverständnis Einfluß auf die Staatsgewalt bekommen. Die Bürger einer westlichen Demokratie würden beispielsweise den Zusammenschluß mit islamisch geprägten Regionen zu einem gemeinsamen Verwaltungsstaat ablehnen, wenn dies einen parlamentarischen Mehrheitsbeschluß zur Einführung islamischen Strafrechts nach sich ziehen könnte. Wo eine solche Vertrauensbarriere existiert, ist sie stärker als alle Effizienzargumente. Der Vertrauensmangel wirkt auf diese Weise auch in der Verwaltungssparte einem natürlichen Trend zur Integration der Staatsgebiete entgegen.

Wo immer aber die politische Vertrauensbasis sich ausweitet, kann der Trend zur Integration auch in diesem Bereich wirksam werden. Der Abbau ideologischer Vorurteile und die Einübung in friedliche Konfliktregelungen sind hierfür die wichtigsten Grundlagen. Je größer die zeitliche Distanz zu den großen Kriegen und den ideologischen Konfrontationen dieses Jahrhunderts wird, desto größer wird die Bereitschaft zur weiteren verwaltungsstaatlichen Integration.

Sucht man nach einem überzeugenden Vorbild für eine große, vertrauensgestützte demokratische Effizienzgemeinschaft, dann findet man es zuallererst in den Vereinigten Staaten. Deren Staatsgebiet hat sich in seiner heutigen Ausdehnung für den verwaltungs-, sicherheits- und währungspolitischen Bereich als effizient bewährt. In keinem dieser drei Bereiche wäre heute ein demokratisches Votum für ein kleineres Staatsgebiet vorstellbar. Würden die amerikanische Regierung und das Parlament sich in unabhängige Sparten für Währung, Sicherheit und Verwaltung auflösen, würden die Bürger in diesen Sparten nicht auf Abspaltungen, sondern allenfalls auf eine Erweiterung des Staatsgebietes hinwirken wollen. Sie würden vermutlich versuchen, Kanada – und in ferner Zukunft möglicherweise Kuba oder Mexiko – für eine gemeinsame Währung, gemeinsame Streitkräfte und schließlich für eine gemeinsame Verwaltung zu gewinnen.

Der zeitweise spektakulären Überlegenheit, die die USA als Effizienzgemeinschaft demonstriert haben, stehen in anderen politischen Sparten keine vergleichbaren Erfolge gegenüber. Insofern sind die Vereinigten Staaten Musterbeispiel für die Defizite eines großen Universalstaates, der hauptsächlich nach dem Effizienzkriterium zusammengewachsen ist. Solche Staatswesen bieten für die anderen Bereiche der Politik nicht den angemessenen geographischen Rahmen bzw. den angemessenen Mitgliederkreis. Sie können daher die ihnen zukommenden politischen Funktionen in diesen Bereichen nicht angemessen erfüllen.

Schwäche zeigen die Vereinigten Staaten unter anderem in ihrer Eigenschaft als Identifikationsgemeinschaft. Zum Teil ist dort ein natürlicher Mangel an nationalen Identifikationsobjekten noch Folge der staatlichen Entstehungsgeschichte. Daß dieser Mangel aber so dauerhaft geblieben ist, ist zumindest teilweise aus der Größe des Staates zu erklären. Sowohl die nord-südliche wie auch die öst-westliche Spanne war geographisch – und in früheren Zeiten wohl auch ideologisch – zu groß, als daß sich in der gemeinsamen Fixierung auf bestimmte Institutionen, Personen, Rituale und Objekte ein ausgeprägtes Zusammengehörigkeitsgefühl hätte kristallisieren können. Die Washingtoner Staatszentrale ist für viele Amerikaner ein ungeliebtes notwendiges Übel geblieben, das wenig Anknüpfungen für identifikatorische Begeisterung bietet. Daß in den USA die staatsbürgerliche Identität häufig extrovertierter zur Schau getragen wird als in den meisten europäischen Nationalstaaten, steht hierzu nicht im Widerspruch.

Die spontane identifikatorische Gemeinsamkeit gründet sich für weite Teile der amerikanischen Bevölkerung noch immer auf das Erlebnis der wirtschaftlichen, politischen und militärischen Vormachtstellung ihres Staates. Auch wenn diese Art von Identifikationserlebnis in seiner Bindungswirkung anderen Quellen nationaler Identifikation nicht unbedingt nachsteht, ist sie doch sehr abhängig von veränderlichen politischen Umständen. In jüngster Zeit gab es mehrere Symptome dafür, daß jenseits des staatsbürgerlichen Weltmachterlebnisses, das die USA ihren Bürgern noch zu bieten haben, die Identifikation auf relativ schwachen Füßen steht. Eins dieser Symptome war der beunruhigende Eifer, mit dem sich das Identifikationsbedürfnis noch im jüngsten Golfkrieg an die militärische Stärke heftete. Daß ein solcher Krieg statt nachdenklicher Zustimmung einen unzeitgemäß euphorischen Rückhalt in der Bevölkerung fand, ist unter anderem mit fortwährenden identifikatorischen Defiziten in anderen Bereichen zu erklären.

Viel historische Erfahrung spricht dafür, daß spontane Identifikationen sich in einem etwas kleineren staatlichen Rahmen besser entwickeln. Die Identifikation mit dem allzu großen Staatswesen, dessen Gebietsausdehnung und Mitgliederkreis durch Effizienzkriterien vorbestimmt sind, hat sich oft als oberflächlich und artifiziell erwiesen. In ihrer Anknüpfung an die staatliche Größe an sich oder die darauf gegründete militärische und wirtschaftliche Macht unterscheidet sie sich auf bedenkliche Weise von einem authentischeren Identifikationserlebnis, das in intimeren, spontan zusammengeschlossenen Gemeinschaften gedeiht.

Daß die kleinere Identifikationsgemeinschaft das authentischere Identifikationserlebnis bietet, findet man auch in einem Vergleich zwischen den USA und Kanada bestätigt. Die politische Identität der Kanadier hat zwar ebenso wie die amerikanische ein relativ schwaches historisches Fundament. Sie gewinnt aber eine gewisse Stärke gerade als Identität des kleineren, auf seinem Anderssein beharrenden Nachbarn. Solche Identität schlägt tiefere Wurzeln, und sie bedarf daher nicht so sehr der Anknüpfung an herausragende Führungspersönlichkeiten und militärische oder wirtschaftliche Überlegenheit. Sie zeigt auch nicht so ausgeprägte Irritationen, wenn Wirtschaftskraft und Wohlstandsvorsprung im Vergleich zu anderen Nationen zurückbleiben. Den zum Teil beängstigenden Irritationen mancher US-Bürger über die zunehmende wirtschaftliche Überlegenheit der Japaner standen in Kanada keine Gemütsbewegungen von vergleichbarer Stärke gegenüber. Dies sind deutliche Indizien dafür, daß das spontane Bedürfnis kleinere Identifikationsgemeinschaften als die derzeitige amerikanische entstehen ließe. Für die Traditionsgemeinschaft käme man am amerikanischen Beispiel zu ähnlichen Schlußfolgerungen. (Zum identifikatorischen Zusammenhalt in Kanada und zur kanadischen Verfassungskrise s. auch Anm. 15, S. 160.)

In noch größerem Kontrast zu den Effizienzerfolgen des amerikanischen Staatswesens steht dessen Leistung als Solidarstaat. Der geringe Erfolg amerikanischer Solidarpolitik läßt sich an den Statistiken über die Wohlstandsverteilung und an der finanziellen Ausstattung der Sozial- und Verteilungspolitik ebenso ablesen wie am Stadtbild der meisten amerikanischen Großstädte. Ein beträchtlicher Anteil der amerikanischen Bevölkerung bedürfte nach den Kriterien anderer demokratischer Wohlstandsstaaten einer stärkeren Unterstützung durch die staatliche Solidarpolitik. Trotz aller wohlstandsmehrenden Effizienzfortschritte hat sich keine solche Politik entwickelt, die die extremen Wohlstandsdiskrepanzen wirksamer eingeebnet und in die Brennpunkte sozialer Bedürftigkeit entschlossener eingegriffen hätte.

Hierfür ist natürlich die Größe des amerikanischen Staatsgebietes nicht die alleinige Ursache. Daß die Solidarpolitik in den USA einen geringeren Stellenwert hat als in anderen demokratischen Ländern, ist auch auf Besonderheiten der amerikanischen Geschichte und des von dieser Geschichte geprägten politischen Bewußtseins zurückzuführen.

Zu den Bedingungen, die das politische Bewußtsein im Solidarbereich prägen, gehört aber nicht zuletzt auch die Größe des Staates bzw. der Umfang der Solidargemeinschaft. Das amerikanische Staatsgebiet expandierte nach den vorherrschenden Effizienzbedingungen, bevor die Ausgestaltung des Staates als Solidargemeinschaft ernsthaft auf die politische Tagesordnung genommen wurde. Diese Expansion wurde durch die weitgehende sprachlich-kulturelle Homogenität zusätzlich begünstigt. Dem Staat war damit aber als Solidargemeinschaft bereits eine Größe vorgegeben, die beträchtlich über die Reichweite der spontanen staatsbürgerlichen Solidarität hinausging. Damit konnte sich keine starke demokratische Basis für eine wirkungsvolle Sozial- und Umverteilungspolitik mehr entwickeln.

Ein Gedankenexperiment, das auf dem Territorium der USA eine Entwicklung unabhängiger Spartenstaaten hypothetisch nachzeichnen wollte, würde daher für die Solidarsparte ein Nebeneinander mehrerer kleinerer Einzelstaaten entwerfen. Nord- und Südstaaten hätten in diesem Experiment nicht zu einer freiwilligen Solidargemeinschaft zusammengefunden, und auch nach Westen hin wäre eine früh gegründete Solidargemeinschaft nicht ohne weiteres der Expansion des Währungs-, Sicherheits- und Verwaltungsstaates gefolgt. Die interregionale Solidarität hätte zwar nicht an den Grenzen der einzelnen Unionsstaaten haltgemacht. Es hätten sich aber mindestens fünf bis zehn Solidarstaaten mit unterschiedlichem Wohlstandsniveau gebildet, in denen zudem recht unterschiedliche verteilungspolitische Ideologien vorgeherrscht hätten.

Dieses Szenario bliebe auch für den Fall einer zukünftigen Verselbständigung der einzelnen Staatssparten auf dem Territorium der USA plausibel. Während in den Effizienzsparten das bestehende Staatsgebiet erhalten bliebe oder sogar noch erweiterbar wäre, würde die Solidarsparte in einem Prozeß interregionaler Entsolidarisierung auseinanderfallen. Eine ganz ähnliche Diagnose ergibt sich auch für andere großflächige und bevölkerungsreiche Demokratien.

Es ließen sich hier natürlich zahlreiche weitere Projektionen darüber anschließen, welche Veränderungen auf der politischen Landkarte für die einzelnen Staatssparten zu erwarten wären. Dabei würde sich zumeist der Trend bestätigen, daß die Währungs- und Sicherheitsstaaten größer würden, daß sich der Umfang der meisten Verwaltungsstaaten und der Identifikationsgemeinschaften weniger dramatisch ändern würde und daß in der Solidar- und Traditionssparte mit zahlreichen Staatsaufspaltungen zu rechnen wäre.

Aktueller Anlaß zu fruchtbaren Spekulationen über die künftige Größe unabhängiger Staatssparten bietet unter anderem der in Norditalien und in Schottland auflebende Separatismus. Könnten die Schotten in den einzelnen Sparten über ihre Staatszugehörigkeit bestimmen, würde vermutlich keine Mehrheit für einen eigenen Währungsstaat und vermutlich auch keine Mehrheit für eigene Streitkräfte zustande kommen. Eher würde die Bereitschaft wachsen, sich an einem eventuellen westeuropäischen Währungsparlament zu beteiligen. Dagegen würden sich in Schottland sehr bald eine oder mehrere schottische Traditionsgemeinschaften etablieren, die eine eigenständige schottische Kultur- und Bildungspolitik betreiben. Vorstellbar ist auch, daß die meisten Schotten sich für eine eigene Identifikationsgemeinschaft entscheiden würden. Die sparsamere Lösung wäre zwar, sich weiterhin freiwillig mit dem englischen Königshaus zu identifizieren. Im Konflikt zwischen schottischem Geiz und schottischen Witz würde man sich vielleicht aber doch zu dem Mehraufwand einer eigenen schottischen Identifikationsgemeinschaft durchringen. Ob die Schotten darüber hinaus auch noch einen eigenen Verwaltungsstaat fordern würden, wäre dann eine sehr offene Frage. Dies würde unter anderem davon abhängen, ob ein britischer Verwaltungsstaat sich rechtzeitig föderalistisch reformieren und sich auf die Wahrnehmung der wirklich überregionalen Aufgaben beschränken würde.

Auch als eigenständiger Solidarstaat würde die britische Insel vermutlich gespalten werden, wobei das Spaltungsbestreben naturgemäß von England als der derzeit reicheren Region ausgehen würde. Spätestens die Gründung eines unabhängigen schottischen Verwaltungsstaates wäre für die meisten Engländer Anlaß, den gesamtbritischen Solidarvertrag zu kündigen und Schottland aus der interregionalen Solidarität auszugrenzen. Wäre die Solidargemeinschaft eine Bürgergeldgemeinschaft, müßten die Schotten sich dann mit einem etwas geringeren Bürgergeld zufriedengeben. Dieses Schicksal würden sie unter anderem mit den Bürgern des südlichen Italiens teilen, das vom Norden aus der gemeinsamen staatlichen Solidargemeinschaft ausgeschlossen würde.

In vielen Weltregionen würde durch die Verselbständigung der Staatssparten ein ähnlicher Anpassungsbedarf freigesetzt, und zwar nicht nur dort, wo der politische Wille zur Spaltung und Integration schon heute die Bevölkerung umtreibt. In den meisten Sparten könnte der Anpassungsbedarf relativ leidenschaftslos in praktische, demokratische Politik umgesetzt werden. Die Solidarsparte wäre derjenige Bereich, in dem vermutlich mit den größten Überraschungen zu rechnen wäre. Interregionale Solidarität wird im herkömmlichen Staat zumeist auf verdeckte, für den einzelnen Bürger nicht quantifizierbare Weise geübt, und daher ist das demokratisch legitimierte Ausmaß dieser Solidarität besonders schwer abzuschätzen.

Spekulationen über die eventuellen Größen unabhängiger Staatssparten machen natürlich nur für jene Weltregionen Sinn, in denen der Umgang mit demokratischen Institutionen bereits zur Selbstverständlichkeit geworden ist. Wo dies nicht der Fall ist, wären Bürger und Politiker im Umgang mit eigenständigen Staatsgrenzen und Staatszugehörigkeiten für die einzelnen Sparten überfordert. Zumindest wäre für diese Regionen ein demokratisches Gleichgewicht staatlichen Zusammenhalts für die einzelnen Sparten kaum prognostizierbar. Wie sich die politischen Landkarten eigenständiger Staatssparten in einem demokratisierten China, in Süd- und Mittelamerika oder gar in Afrika verändern würden, bleibt auf absehbare Zeit eine müßige Frage. Auch für Staaten wie Indien, Indonesien oder die Philippinen läßt sich kaum weitergehend spekulieren, als daß ihre heutigen Grenzen allenfalls im Bereich der Währung einen demokratischen Abstimmungsprozeß überstehen würden. In diesen Ländern wird es zum herkömmlichen Umgang mit den Staatsgrenzen auch in ferner Zukunft keine Alternative geben. Die Utopie von den selbständigen Spartenstaaten, die ihre Größe und Grenzen im demokratischen Prozeß laufend zu rechtfertigen haben, bleibt vorerst eine Utopie für die Demokratien der bisherigen Ersten Welt und vielleicht für einige Demokratien der bisherigen Zweiten.

Ein neues Politikerlebnis

Selbst in den bewährtesten Demokratien haben die Bürger sich ihrer Rolle als Souverän des politischen Geschehens noch nicht vollständig bemächtigt. Dies ist erst dann der Fall, wenn die verschiedenen Bedürfnisse nach staatlicher Zusammengehörigkeit nicht mehr ins universalstaatliche Prinzip eingezwängt sind, sondern in geregelte demokratische Verfahren eingebracht werden können. Jeder andere, weniger demokratische und weniger differenzierte Umgang mit diesem Bedürfnis trägt noch immer den Keim des gewaltsamen Konflikts in sich. Die vielen zeitgenössischen Kriege, Bürgerkriege und schwelenden Krisen, bei denen es um die Frage der staatlichen Zusammengehörigkeit geht, sind hierfür Beweis genug.

Zur Vermeidung solcher Konflikte reicht es nicht aus, über die Staatsgrenzen herkömmlicher Universalstaaten demokratisch abstimmen zu lassen. Der Universalstaat zwingt in dieser Frage zu Alles-oder-nichts-Entscheidungen, die häufig nur neue Konflikte an die Stelle der alten treten lassen. Zudem stiftet der universalstaatliche Anspruch, die Bürger in allen Belangen zu vertreten, die Staatsführungen immer wieder zu konfliktträchtiger Maßlosigkeit im Umgang mit anderen Staaten an. Diese unheilvollen Tendenzen sind nur durch die Aufspaltung des Universalstaates in demokratisch betriebene Spartenstaaten überwindbar. Keiner dieser einzelnen Spartenstaaten könnte aus eigener Kraft einen politischen Konflikt schüren, in dem wirtschaftliche, kulturelle und militärische Rivalitäten gebündelt und kompromißlos bis zur kriegerischen Gewaltbereitschaft zugespitzt werden.

Die Konzeption selbständiger Spartenstaaten steht in deutlichem Gegensatz zu einem jüngsten Trend, den Begriff des Nationalstaates im politischen Diskurs wieder aufzuwerten. Dieser Trend wurde nicht nur durch die Ereignisse in Osteuropa und die deutsche Wiedervereinigung gestärkt, sondern auch durch die wachsenden Befürchtungen, nationalstaatliche Identitäten in einem integrierten Westeuropa zu verlieren. Manche Beobachter zogen hieraus den Schluß, der herkömmliche Nationalstaat bleibe als handelndes Subjekt der Geschichte auf Dauer unverzichtbar, und zwar sowohl als Garant innerstaatlichen Zusammenhalts wie als Mittler und Wegweiser im zwischenstaatlichen Geschehen. Die Alternative der eigenständigen Spartenstaaten zeigt aber, daß dieses Urteil nur unter bestimmten politischen Rahmenbedingungen von Belang ist. Es trifft nur dort zu, wo zwischenstaatliche Politik von allzuständigen Universalstaaten betrieben wird. Insofern ist der herkömmliche, allzuständige Nationalstaat nur für die Lösung jener Probleme unverzichtbar, für die er selbst die Ursache ist.

Sich diesen Staat von der politischen Bühne wegzudenken, bedeutet in der Tat die Einlassung auf ein grundlegend verändertes Politik- und Geschichtsverständnis. Es bedeutet den Verzicht auf die Vorstellung handelnder Nationen, deren Beziehungen zueinander die sogenannte Weltordnung ausmachen. Für den einzelnen Bürger kann es den Verzicht auf ein unzweideutiges politisches Selbstverständnis als Deutscher, Österreicher, Belgier, Brite, Schweizer, Russe oder Italiener bedeuten und damit auch den Verzicht auf die Einordnung in eine Weltgeschichte, die als eine Geschichte der Nationen interpretiert wird. Verloren wäre für den Bürger nicht nur der Universalstaat als Adressat aller politischen Ansprüche und Stifter einer eindeutigen staatsbürgerlichen Identität. Verloren wäre auch die gewohnte Klarheit der Unterscheidung zwischen In- und Ausländern. Es gäbe keinen Paß oder sonstiges Papier mehr, das als Dokument einer umfassenden politischen Zugehörigkeit deutbar wäre. Die staatsbürgerliche Identität ließe sich nur noch anhand eines Bündels von Mitgliedsausweisen für die einzelnen Staatssparten belegen. Je enger die emotionale Bindung an einen allzuständigen Nationalstaat ist, desto schwerer fällt zunächst die Einübung in ein solches politisches Selbstverständnis. Desto naheliegender erscheint auch der Einwand, die Fragmentierung von Politik und politischer Identität in einzelne Sparten überfordere den Bürger und werde dessen resignierte Abkehr vom demokratischen Engagement noch verstärken.

Alle zeitgenössischen Tendenzen des demokratischen Verhaltens lassen aber auf eine genau gegenteilige Reaktion der Bürger schließen. Die resignative Politikmüdigkeit, die in fast allen herkömmlichen Demokratien zu beobachten ist, hat nirgendwo den Charakter einer Abkehr von politischen Einzelproblemen. Sie ist nur die Abkehr vom Universalstaat, der einen gezielten demokratischen Eingriff in das Einzelproblem nicht zuläßt. Die pauschalen Alternativen zwischen Regierung und Opposition, Christ- und Sozialdemokraten, Konservativen und Sozialisten, Tories und Labour oder Republikanern oder Demokraten werden nicht mehr als echte Lösungsalternativen zu wirklich bewegenden politischen Einzelproblemen respektiert. Die scheinbare Entpolitisierung der Öffentlichkeit betrifft nur diese Ebene, auf der die Politikangebote immer unflexibler und unterschiedsloser geworden sind und zugleich das demokratische Engagement immer weniger lohnend erscheint.

Daß eine Demokratisierung des Problems der Staatsgrenzen und der Staatszugehörigkeit alles andere als resignative Überforderung auslösen würde, läßt sich an aktuellen Entwicklungen innerhalb, aber auch außerhalb Europas überdeutlich ablesen. Im postsozialistischen Osteuropa war ein vorbehaltloses demokratisches Engagement im Grunde nur in diesen Fragen zu beobachten, während sich ansonsten sehr schnell resignative Politikmüdigkeit nach westlichem Vorbild breitmachte. Auch in den westlichen Demokratien ist das politische Bewußtsein dort besonders wach, wo es um die Frage geht, wer mit wem in welcher Art staatlicher Gemeinschaft zusammenfinden soll. Diese Frage steht unter anderem in der Einwanderungspolitik – und vermeintlich auch in der Asylpolitik – auf dem Spiel. Hierum geht es auch in den intensiver gewordenen Diskussionen über interregionale Solidarität, Multikulturalität, nationale Identität, europäische Währung, supranationale Streitkräfte und um die Unzulänglichkeiten einzelstaatlicher Umweltpolitik. In all diesen Fragen haben die Bürger bestimmte politische Bedürfnisse, und sie sind auch in der Lage, diese Bedürfnisse zu artikulieren. Man muß ihnen nur die Möglichkeit geben, dies auf differenzierte, gezielte Weise zu tun.

Möglich wird dies dann, wenn das demokratische Votum jeweils getrennt über die Reichweite der Identifikations-, Traditions-, Währungs-, Sicherheits-, Verwaltungs- und Solidargemeinschaft abgegeben wird. Erst wenn er hierzu einzeln gefragt wird und hierüber einzeln abstimmen kann, wird der Staatsbürger sich vom politischen System vollständig ernst genommen fühlen. Er würde hierauf nicht mit dem Gefühl der Überforderung und entsprechenden politischen Übermüdungserscheinungen reagieren, sondern sich neue Dimensionen der problemorientierten politischen Einmischung erschließen. Erst hiermit käme die Demokratie – und käme der demokratische Staatsbürger – endgültig aus den Kinderschuhen heraus.

ANMERKUNGEN

[1] Wenn, wie von der EG geplant, alle bestehenden Währungen abgeschafft werden und eine gemeinsame neue Währung eingeführt wird, werden damit unnötig hohe Umstellungskosten in Kauf genommen. Kostengünstiger wäre es, wenn die Währung eines der beteiligten Länder von dessen Integrationspartnern übernommen würde. Würde dieses Land, dessen Währung bestehen bliebe, seine Partner angemessen entschädigen, könnten alle von der Kostenersparnis profitieren. (Diese Entschädigung sollte allerdings mehr sein als nur eine Kostenbeteiligung. Sie sollte eine Art Schmerzensgeld für den Abschied vom gewohnten Geld einschließen.)

Ein evolutionärer, streng demokratischer Prozeß der Währungsintegration würde aller Wahrscheinlichkeit nach solchen Verlauf nehmen. Die Anzahl der Integrationspartner würde dabei in mehreren kleineren Schritten wachsen. Im ersten Schritt könnten sich beispielsweise Deutschland und Frankreich auf den Franc als gemeinsame Währung einigen, wobei Frankreich an Deutschland eine Ablösesumme für den Verzicht auf die Mark zu zahlen hätte. Alle später in das Franc-Währungsgebiet aufzunehmenden Länder würden dann eine entsprechende Ablösesumme von der französisch-deutschen Währungsgemeinschaft erhalten.

Im Vergleich zur Einführung der neuen ECU-Währung wäre dies die bessere Lösung, von der niemand einen Nachteil, aber fast alle einen Vorteil zu erwarten hätten. Die respektlose Charakterisierung der ECU als 'Esperanto-Geld' war also keineswegs eine ökonomisch inkompetente bayerische Stammtischparole, sondern sie ist ökonomisch solide begründet.

[2] Es mag etwas irritieren, wenn Kultur- und Bildungspolitik hier ausschließlich der Traditionsgemeinschaft zugewiesen werden. Zwar findet die Pflege von Traditionen im Rahmen von Kultur und Bildung statt, aber die Funktionen der Bildungspolitik reichen weit darüber hinaus. Technisch-naturwissenschaftliche und berufliche Wissensvermittlung haben wenig mit den eigentlichen Funktionen einer Traditionsgemeinschaft zu tun. Gleiches gilt für einen Teil der in den höheren Bildungsinstitutionen betriebenen Forschung.

Da der traditionale Bereich der Bildung aber vom technisch-naturwissenschaftlichen und praktisch-beruflichen schwer abtrennbar ist, bietet sich die Zusammenfassung der Zuständigkeiten bei der Traditionsgemeinschaft an. Der Begriff Traditionsgemeinschaft wird hier insofern etwas unpräzise verwendet, aber er ist weniger sperrig als der korrektere Begriff der Kultur- und Bildungsgemeinschaft.

[3] Die Staatsaufspaltung nach Abb. 1 beläßt dem Verwaltungsstaat die Zuständigkeit für sehr vielfältige Aufgabenbereiche. In einigen dieser Bereiche haben die herkömmlichen Parlamente und Regierungen systematische Mängel an Problemlösungskompetenz offenbart. Sie haben sich insbesondere als unfähig erwiesen, Erkenntnisse über langfristige Problementwicklungen rechtzeitig in praktische Politik umzusetzen. Am bedrohlichsten wirkt sich dies in der Umwelt- und Bevölkerungspolitik aus.

Umwelt- und Bevölkerungspolitik müssen daher aus dem verwaltungsstaatlichen Tagesgeschäft herausgehoben werden. Für diese Bereiche müssen eigenständige demokratische Entscheidungsverfahren und Institutionen eingerichtet werden, die besonders auf den langfristigen Charakter der Probleme zugeschnitten sind.

Ein geeignetes institutionelles Arrangement könnte aus einem Umwelt- und Bevölkerungsparlament sowie einem Umwelt- und einem Bevölkerungsrat bestehen. (Zur näheren Begründung s. B. Wehner, Die Katastrophen der Demokratie, Kap. 6.) In den Entscheidungsverfahren dieser Institutionen müßte eine gewisse Unabhängigkeit von kurzfristigen Stimmungslagen der politischen Öffentlichkeit angelegt sein. Dies kann zum Beispiel dadurch erreicht werden, daß die Mitglieder des Umwelt- und des Bevölkerungsrates für sehr lange Amtsperioden gewählt werden und daß ihnen ein breiter Spielraum für eigenständige Entscheidungen eingeräumt wird. Auch für die Parlamentsmitglieder sollte eine lange Amtsperiode vorgesehen werden.

Das Staatsgebiet der umwelt- und bevölkerungspolitischen Institutionen müßte vorerst mit dem Territorium des übrigen Verwaltungsstaates identisch bleiben. Der Hauptgrund hierfür ist, daß die haushaltspolitischen Verbindungen zwischen der Umweltpolitik und der sonstigen Verwaltungspolitik schwer zu lösen sind.

Die Aufgliederung des Gesamt-Verwaltungsstaates in einen Umwelt- und Bevölkerungsstaat und den übrigen Verwaltungsstaat ist in Abb. 1a (S. 153) dargestellt.

Zur Funktion des in Abb. 1a aufgeführten Fiskalrates s. Anm. 8, S. 154.

[4] Als Exekutivorgan des Sicherheitsstaates könnte theoretisch ein Sicherheitsrat dienen, der sowohl die Streitkräfte verwaltet als auch über deren Einsatz nach friedenspolitischen Gesichtspunkten befindet. Es gibt aber gute politische Gründe dafür, diese beiden sicherheitspolitischen Funktionen voneinander zu trennen. Zum einen erfordert die Friedenspolitik ganz andere politische Talente als die Militärverwaltung. Zum anderen kann die Zuständigkeit für die Militärverwaltung Motive erzeugen, die im Widerspruch zu friedenspolitischen Prinzipien stehen. Das Motiv, die Existenz, Größe und Ausstattung bestehender Streitkräfte rechtfer-

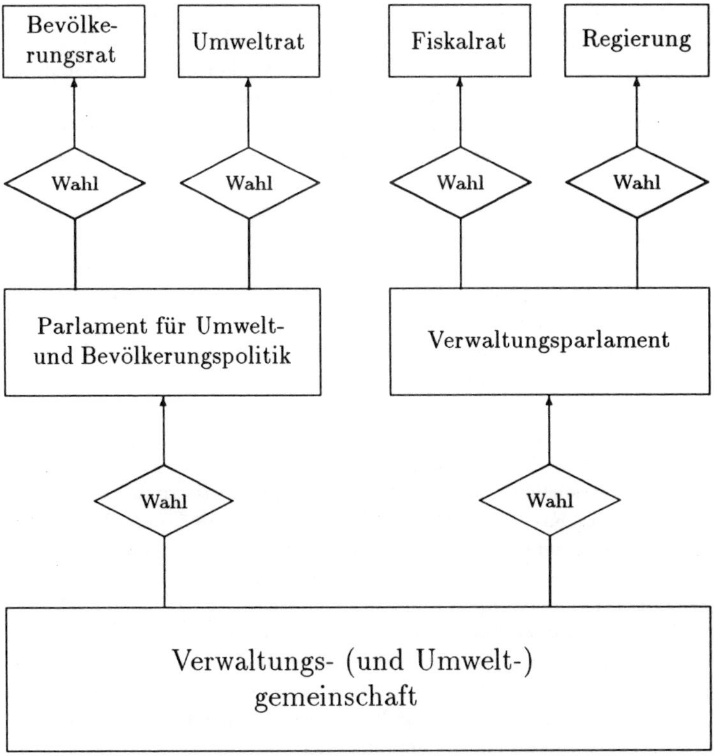

Abb. 1a: Die demokratischen Institutionen des Verwaltungsstaates.

tigen zu wollen, kann beispielsweise zur übereilten Entscheidung zugunsten eines militärischen Einsatzes beitragen. Motive dieser Art könnten in jüngster Zeit u. a. bei den Einsätzen der jugoslawischen Bundesarmee im Spiel gewesen sein.

Um den Friedensrat vor solchen und anderen sachfremden Interessen abzuschirmen, müßte ihm ein hohes Maß an politischer Unabhängigkeit zugestanden werden. Insbesondere sollten seine Mitglieder für lange, einmalige Amtsperioden gewählt werden. Erwägenswert ist darüber hinaus die Einrichtung eines eigenständigen, für die Wahl des Friedensrates zuständigen Friedensparlamentes. (Siehe hierzu auch B. Wehner, Die Katastrophen der Demokratie, S. 103 und S. 132f.)

[5] Die Konjunkturpolitik kann vom Währungsrat wahrgenommen werden oder auch von einem eigenständigen, ebenfalls vom Währungspar-

lament berufenen Konjunkturrat. (Zu den Instrumenten der Konjunkturpolitik s. B. Wehner, Die Katastrophen der Demokratie, S. 122f.)

[6] Das Gesundheitswesen könnte in der Tat als weitere eigenständige Staatssparte geführt und über die Einkommensteuer finanziert werden. Damit wäre zumindest gewährleistet, daß die Kosten des Gesundheitswesens transparent bleiben und daß die Bürger gezielten demokratischen Einfluß auf die Gesundheitspolitik nehmen können.

Ein Gesundheitswesen, das über eine progressive oder proportionale Einkommensteuer finanziert würde, wäre aber zugleich ein Instrument der Umverteilungspolitik. Es würde unzulässig in den Zuständigkeitsbereich der Solidargemeinschaft eingreifen. Außerdem stünde es privatwirtschaftlichen Lösungen unnötig im Wege.

Die Solidarpolitik kann durch geeignete Umverteilungsmaßnahmen dafür sorgen, daß jeder Bürger sich eine angemessene Gesundheitsvorsorge vom eigenen Einkommen leisten kann. Wenn die Solidargemeinschaft dieses Ziel erreicht, bedarf es im Gesundheitswesen weder solidarischer Beitragsstrukturen noch auch einer staatlichen Trägerschaft. Jeder Bürger kann sich unter diesen Umständen zu privatwirtschaftlichen Bedingungen für den Krankheitsfall versichern. Das gesamte Gesundheitswesen könnte dann von privaten Krankenversicherungen betrieben werden, die untereinander in einem regen, kostendämpfenden Wettbewerb stünden. (Daß die private Vorsorge für alle bezahlbar ist, kann durch das in Kap. 4 beschriebene Bürgergeld sichergestellt werden.)

[7] Die Währungssparte bedürfte keiner besonderen Finanzierungsquelle. Sie kann ihre administrativen Kosten aus Gewinnen des Zentralbankgeschäftes decken. Eventueller überschüssiger Gewinne sollte sie sich vorzugsweise durch gleichmäßige Ausschüttung an alle Bürger ihres Währungsgebietes, d. h. durch eine Pro-Kopf-Zahlung am Ende jeder Abrechnungsperiode entledigen.

Eine Auszahlung dieser Gewinne an die Verwaltungs- oder Solidarstaaten wäre nicht praktikabel, da deren Staatsgebiet in den meisten Fällen nicht mit dem Währungsgebiet identisch wäre.

[8] Die Regierung des Verwaltungsstaates würde – neben dem Solidarstaat mit seiner Umverteilungs- und Sozialpolitik – den größten Anteil der öffentlichen Ausgaben beanspruchen. Diese Ausgaben müssen über indirekte, d. h. Mehrwert- und Verbrauchssteuern finanziert werden, die für den Bürger nicht so transparent sind wie die Einkommensteuer. Wegen dieser geringen Steuertransparenz haben die Bürger es relativ schwer, die Politiker des Verwaltungsstaates in ihrem Ausgabeverhalten zu überwachen und demokratisch zu beeinflussen. Dies kann leicht zur Folge haben, daß das Ausgabevolumen des Verwaltungsstaates über die eigentlichen, von den Bedürfnissen der Bürger herzuleitenden Erfordernisse hinaus ausufert.

Zur Lösung dieses Problems wurde an anderer Stelle vorgeschlagen, einen unabhängigen Fiskalrat einzurichten, der dem Verwaltungsstaat das Ausgabenvolumen vorgibt. Regierung und Parlament des Verwaltungsstaates hätten dann nur noch über die Ausgabenprioritäten innerhalb dieses Volumens zu entscheiden. (Siehe hierzu B. Wehner, Die Katastrophen der Demokratie, S. 103, S. 132f.)

Ein solcher Fiskalrat kann von einem zugehörigen fiskalpolitischen Fachparlament gewählt werden. Er kann aber auch, wie in obiger Abb. 1a dargestellt, vom Verwaltungsparlament berufen werden. In diesem Fall müßte seine politische Unabhängigkeit allerdings in ähnlicher Weise sichergestellt sein wie beim Umweltrat und Friedensrat. Seine Mitglieder müßten also für lange, einmalige Amtsperioden gewählt werden, und es dürften keinerlei Verflechtungen mit anderen staatlichen Instanzen bestehen.

Der verantwortliche Umgang des Verwaltungsstaates mit seinen Finanzen müßte zusätzlich durch ein in der Verfassung verankertes Verschuldungsverbot abgesichert werden. Von diesem Verbot dürften nur kurzfristige Überbrückungskredite ausgenommen sein, die der Fiskalrat im Einzelfall genehmigen müßte. (Ein Verschuldungsverbot müßte in ähnlicher Form selbstverständlich auch für die anderen Staatssparten gelten.)

[9] In der Kultur- und Bildungssparte könnten zwar alle Bürger frei entscheiden, welcher Institution sie ihre Einkommensteueranteile zukommen lassen. In der Inanspruchnahme der Kultur- und Bildungsangebote läßt sich eine solche umfassende Wahlfreiheit aber nicht für alle herstellen. Aus Gründen der Wirtschaftlichkeit kann einzelnen Kultur- und Bildungsanbietern ein örtliches Angebotsmonopol zufallen, und zwar insbesondere im Bereich der Schulbildung. Im Schulwesen einer Insel wie Helgoland beispielsweise wäre ein Schulbetrieb mit zwei oder mehr konkurrierenden Schulen beträchtlich teurer als eine einheitliche Schule für alle Inselkinder. Es käme dort vermutlich nicht zu einem lebhaften Wettbewerb der Bildungsangebote, auch wenn die Bürger verschiedenen Kultur- und Bildungsgemeinschaften angehörten und ihre Kultur- und Bildungssteuer diesen verschiedenen Gemeinschaften zukommen ließen.

Obwohl solch ein Monopol nur mit erheblichem Mehraufwand zu beseitigen wäre, stünde es trotzdem unter einem ständigen potentiellen Wettbewerbsdruck. Wenn eine Minderheit der Inseleltern das bestehende schulische Angebot für gänzlich unzumutbar hielte, könnte sie trotz des damit verbundenen Mehraufwandes versuchen, einen Träger für den Betrieb einer Konkurrenzschule zu gewinnen. Gegebenenfalls müßten die betreffenden Eltern hierfür einen zusätzlichen Kostenbeitrag anbieten. Wenn auf lokaler Ebene sehr gegensätzliche pädagogische Ansprüche und Überzeugungen einander gegenüberstehen, wären diese also nicht bedingungslos unter ein gemeinsames schulisches Dach gezwungen.

Wenn gar eine große Mehrheit der Inseleltern das bestehende Schulangebot ablehnte, könnte sie letzten Endes die Übertragung des gesamten Inselschulwesens auf eine andere Kultur- und Bildungsgemeinschaft herbeiführen. Damit in solchen Fällen der aufwendige Umweg über die Eröffnung einer neuen und Verdrängung der alten Schule erspart bliebe, sollten die Kultur- und Bildungsgemeinschaften sich untereinander auf Regeln einigen, nach denen auf lokaler Ebene über die Trägerschaft von Monopolschulen entschieden wird.

[10] Jede Solidargemeinschaft hat ein natürliches Interesse daran, den Kreis ihrer Mitglieder zu kontrollieren. Insbesondere will sie einen ungewollten Zustrom an einkommensschwachen, leistungsbedürftigen Mitgliedern verhindern können.

Für die Einwanderungspolitik, die den Zustrom in das jeweilige Staatsgebiet steuert, ist aber der Verwaltungsstaat zuständig. Die Zuwanderung, die der Verwaltungsstaat zuläßt, kann in einzelnen Fällen über die Aufnahmewilligkeit der Solidargemeinschaft hinausgehen. Die Solidarstaaten würden dann nicht alle neuen Einwohner ihres Staatsgebietes vorbehaltlos aufnehmen wollen.

Das Recht auf Mitgliedschaft würde daher von den Solidarstaaten ähnlich gehandhabt werden wie das Recht auf Staatsbürgerschaft in den meisten herkömmlichen Universalstaaten. Die Mitgliedschaft würde mit Zuzug nicht unmittelbar erworben. Sie ginge andererseits bei Fortzug nicht unmittelbar verloren, und sie wäre vererblich.

Die näheren Bedingungen für Erwerb und Wechsel der Mitgliedschaft müßten auf zwischenstaatlicher Ebene einheitlich geregelt werden.

[11] Die nachfolgende Abb. 3a (S. 158) stellt die unterschiedliche Sockelarbeitslosigkeit in zwei wirtschaftlich ungleich entwickelten Regionen eines herkömmlichen Sozialstaates dar. Im linken Diagramm ist für die besser entwickelte Region der Einfachheit halber ein Vollbeschäftigungszustand abgebildet. (Die Diagramme sollten nicht als Darstellung des gesamten regionalen Arbeitsmarktes interpretiert werden, sondern eher als Darstellung berufsspezifischer Arbeitsmarktsegmente. Am unproblematischsten ist die Anwendung auf den Markt für ungelernte Arbeitskräfte.)

Jeder Punkt auf der horizontalen Arbeitskräfte-Achse stellt eine individuelle Arbeitskraft dar. Diese sind von links nach rechts in absteigender Reihenfolge nach ihrem Marktwert geordnet, der auf der senkrechten MWA-Achse zu messen ist. Als Marktwert gilt hier die Wertschöpfung, die der Unternehmer von der betreffenden Arbeitskraft erwartet. (Steuern bleiben hierbei im Interesse der Übersichtlichkeit unberücksichtigt.) Diese Wertschöpfung hängt von Ausbildung, Talent, Motivation, Alter und anderen Eigenschaften der Arbeitskraft sowie von der Kapitalausstattung der verfügbaren Arbeitsplätze und der öffentlichen Infrastruktur ab.

Es wird unterstellt, daß das Lohnangebot des Unternehmers dem Marktwert der Arbeitskraft entspricht. Die Gesamtheit der Marktwerte der einzelnen Arbeitskräfte kann dann als Lohnstruktur bezeichnet werden.

Im linken Diagramm ist der Marktwert der unproduktivsten Arbeitskraft am rechten, unteren Ende der Lohnstrukturkurve (= MWA-Kurve) abzulesen. Dieser Wert ist höher als die Unterstützung U, die der Staat den Nichtarbeitenden gewährt. Er ist auch höher als der Mindestlohn ML, den die Arbeitskräfte fordern und unterhalb dessen sie keine Arbeit annehmen. Daher herrscht im linken Diagramm Vollbeschäftigung.

Das rechte Diagramm zeigt die Ursachen der Arbeitslosigkeit in den ärmeren Regionen. Die staatliche Unterstützung U für die Nichtarbeitenden ist hier ebenso hoch wie in der reichen Region. Daher ist auch der Mindestlohn ML, zu dem Arbeitskräfte Arbeit annehmen, derselbe wie im linken Diagramm. Die Marktwerte der Arbeit – und damit die Lohnstruktur – liegen in der ärmeren Region jedoch deutlich niedriger als in der reichen. Für einen beträchtlichen Teil der Arbeitskräfte liegt der erzielbare Lohn unterhalb der Mindestlohnforderung ML. Diese Arbeitskräfte bleiben unbeschäftigt. Dementsprechend kann ein beträchtlicher Teil der theoretisch erzielbaren Wertschöpfung bzw. des erzielbaren Volkseinkommens (= schraffierte Fläche) nicht realisiert werden. (Zu Abb. 3b s. Anm. 13.)

[12] Die Solidarsteuer, aus der das Bürgergeld zu finanzieren wäre, würde den größten Anteil an der Einkommensteuerbelastung ausmachen. Ein demokratischer Konsens würde sich vermutlich bei einem Bürgergeldvolumen von 25% bis 30% der Einkommen einstellen. (Die nicht ausgeschütteten Gewinne der Unternehmen sind hierbei als Einkommen einzubeziehen.)

Zusätzlich zu dieser Solidarsteuer wären die Kultur- und Bildungssteuer, die Sicherheitssteuer und die Identifikationssteuer zu erheben. Daraus würde sich eine durchschnittliche Steuerbelastung von mehr als 40% ergeben. Dies würde zwar die gängige Einkommensteuerbelastung im herkömmlichen System übersteigen. Gegenzurechnen ist aber, daß sämtliche Sozialabgaben einschließlich der zugehörigen Arbeitgeberanteile entfallen würden. Per saldo wäre die durchschnittliche Abgabenbelastung der Einkommen im Bürgergeldsystem und im herkömmlichen System etwa gleich.

[13] In der Abb. 3b (S. 159) sind die regionalen Arbeitsmarktsituationen im Bürgergeldsystem dargestellt. Die Unterstützung U für die Nichtarbeitenden entfällt. Statt dessen bekommt jede Arbeitskraft zusätzlich zum Arbeitslohn das steuerfinanzierte Bürgergeld ausgezahlt. Dieses Bürgergeld ist in der armen und der reichen Region gleich hoch. Das gesamte Bürgergeldvolumen ist unterhalb der Arbeitskräfteachse als schraffierte Fläche ausgewiesen.

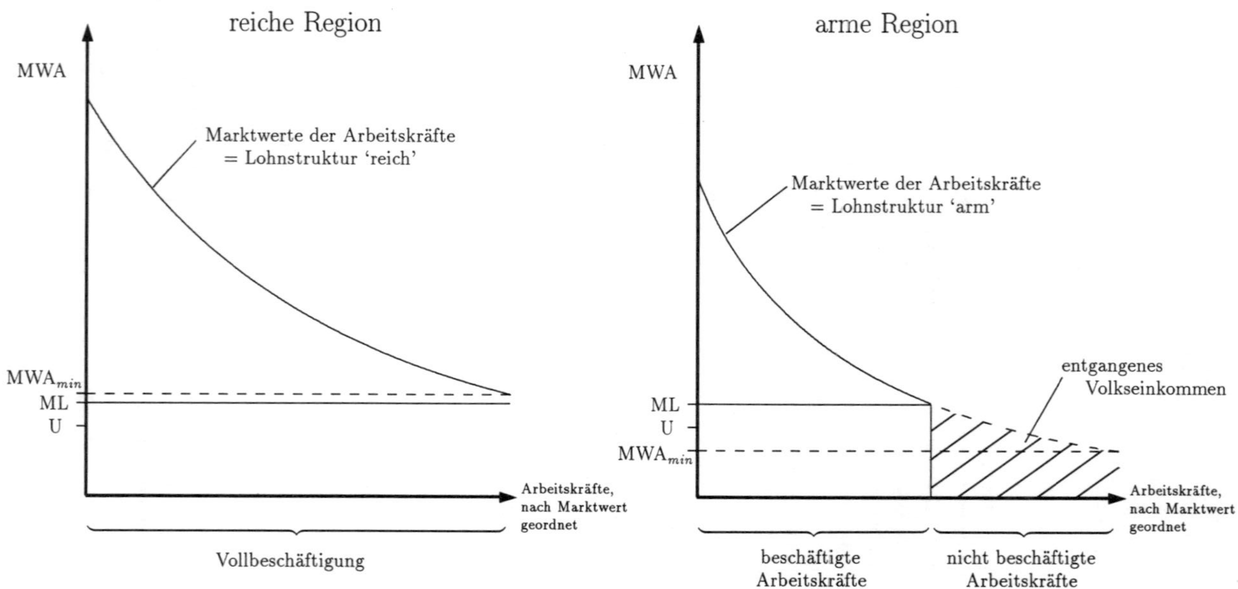

U = Unterstützungszahlung an Nichtbeschäftigte (= Minimaleinkommen)   ML = geforderter Mindestlohn   MWA = Marktwert der Arbeitskraft

Abb. 3a: Regionale Arbeitslosigkeit im herkömmlichen Sozialstaat.

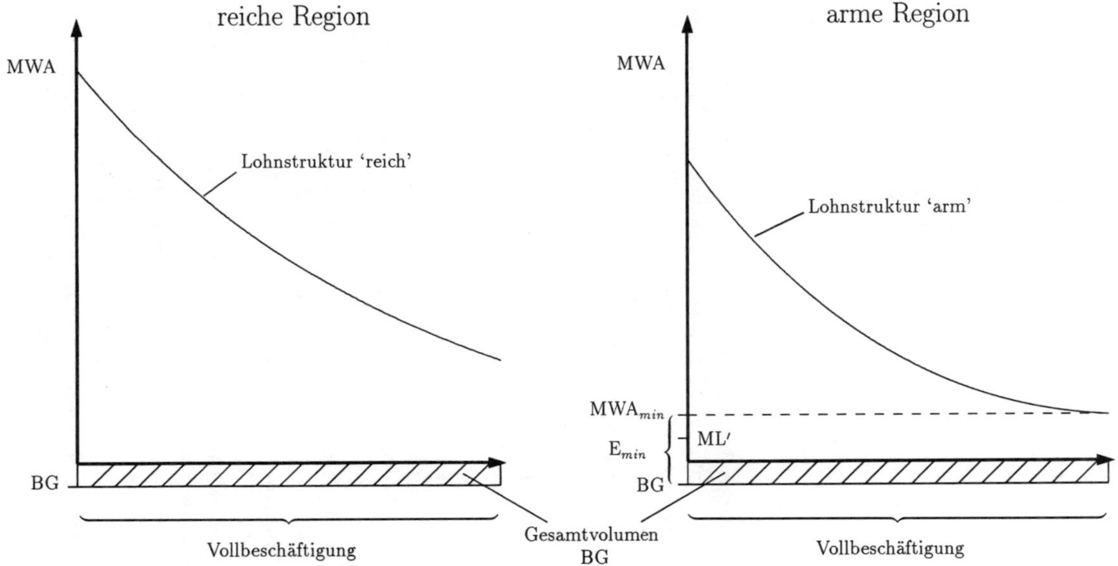

BG = Bürgergeld   MWA = Marktwert der Arbeitskraft E_{min} = Minimaleinkommen = BG + MWA_{min}

Abb. 3b: Überregionale Vollbeschäftigung im Bürgergeldsystem.

In der reichen Region ändert sich nichts an der herrschenden Vollbeschäftigung. Da die Unterstützung U fortfällt, sinkt in der ärmeren Region die Mindestlohnforderung von dem in Abb. 3a ausgewiesenen Wert ML auf ML' und damit unter den Wert MWA_{min}. Selbst die unproduktivste Arbeitskraft, deren Marktwert MWA_{min} beträgt, findet sich nun mit einem produktivitätsgerechten Lohn ab. Dies veranlaßt die Unternehmen, genügend Arbeitsplätze mit entsprechend niedriger Produktivität und niedrigen Löhnen anzubieten bzw. neu zu schaffen. Das Arbeitskräftepotential wird damit auch in der ärmeren Region vollständig ausgeschöpft.

Das Gesamteinkommen der am geringsten bezahlten Arbeitskraft setzt sich in dieser Vollbeschäftigungssituation aus dem Bürgergeld und dem minimalen Arbeitseinkommen MWA_{min} zusammen. Die Summe dieser beiden Einkommenskomponenten ist höher als die Unterstützungszahlung U in Abb. 3a. Mißt man die solidarische Qualität der Gesellschaft am erzielbaren Mindesteinkommen, dann ist sie damit im Bürgergeldsystem nach Abb. 3b gegenüber dem herkömmlichen System nach Abb. 3a verbessert.

Im übrigen wird das Volkseinkommen im Bürgergeldsystem um die in Abb. 3a ausgewiesene schraffierte Fläche erhöht. Dementsprechend steigt auch das Steueraufkommen. Hieraus und aus den entfallenden Unterstützungen U für die Nichtarbeitenden in der armen Region wird ein beträchtlicher Anteil des Bürgergeldes finanziert.

[14] Der Ölreichtum kommt der Solidargemeinschaft natürlich nur dann zugute, wenn er sich in den versteuerbaren Einkommen der Solidargemeinschaft niederschlägt und nicht vom Verwaltungsstaat vorweg abgeschöpft wird. Ersteres sei hier großzügig unterstellt.

[15] Die derzeitigen Verfassungsquerelen in Kanada lassen vermuten, daß dieses Land – auch bei Ausklammerung Quebecs – doch auch zu groß und heterogen sein könnte, um eine stabile, zusammenhängende Identifikationsgemeinschaft zu bilden. Da die Identität des kleinen Nachbarn letzten Endes eine abgeleitete Identität bleibt, deren Bindungskraft vom jeweiligen Zustand des Nachbarn abhängig ist, könnte sich die aktuelle Schwäche des kanadischen Zusammengehörigkeitswillens sogar noch verstärken. Zugleich legen die Probleme des kleineren Kanada im Rückschluß auf die größeren Vereinigten Staaten nahe, daß sich dort in einer veränderten weltpolitischen Lage die Bindungskraft der geltenden Verfassung als noch schwächer erweisen und die interregionalen Spaltungstendenzen noch stärker sein würden. Je weniger ein amerikanischer Universalstaat seinen Bürgern noch die gewohnte Identifikation mit der militärischen und ökonomischen Weltmachtrolle anbieten kann, desto stärker kann sich der Mangel an spontanen Gemeinsamkeiten auf die politische Willensbildung auswirken.

REGISTER